寫在歐洲行起飛前

專業領隊的旅遊心法
優雅享受旅程的關鍵

36 個旅途中的生活文化與行程規劃答疑

小易領隊 Cliff 易堅立 著

國家圖書館出版品預行編目資料

寫在歐洲行起飛前：36 個旅途中的生活文化與行程規劃答疑／易堅立著. --初版.--臺中市：白象文化事業有限公司，2024.2
面； 公分
ISBN 978-626-364-257-7（平裝）
1.CST: 旅遊 2.CST: 歐洲
740.9 113000146

寫在歐洲行起飛前：36個旅途中的生活文化與行程規劃答疑

作　　者　小易領隊 Cliff 易堅立 Chienli Yi
校　　對　易堅立 Chienli Yi
攝　　影　易堅立、陳家琪
編排諮詢　翁桂敏、楊淑芳、潘淑婷
封面構想　潘淑婷
封底製圖　Artemis
發 行 人　張輝潭
出版發行　白象文化事業有限公司
412台中市大里區科技路1號8樓之2（台中軟體園區）
出版專線：（04）2496-5995　傳真：（04）2496-9901
401台中市東區和平街228巷44號（經銷部）
購書專線：（04）2220-8589　傳真：（04）2220-8505
出版編印　林榮威、陳逸儒、黃麗穎、水邊、陳媁婷、李婕、林金郎
設計創意　張禮南、何佳諠
經紀企劃　張輝潭、徐錦淳、林尉儒
經銷推廣　李莉吟、莊博亞、劉育姍、林政泓
行銷宣傳　黃姿虹、沈若瑜
營運管理　曾千熏、羅禎琳
印　　刷　基盛印刷工場
初版一刷　2024 年 2 月
定　　價　360 元

推薦序

旅行是體驗異國風情的最佳途徑，歐洲則是全球遊客嚮往的目的地。例如，做為國際觀光之都，法國巴黎的地位屹立不搖。此外，遊客喜歡造訪北歐壯麗的峽灣，追尋北極圈充滿祝福的極光，欣賞中歐阿爾卑斯山脈的湖光山色，享受南歐溫暖的陽光沙灘。

歐洲美的難以形容，多的是旅人流連忘返的風景，像是巴黎塞納河左岸的花神咖啡館，以及威尼斯的聖馬可廣場。無論在薩爾斯堡莫札特故居街頭聆聽古典音樂，或在維也納史特勞斯公園踩著華爾滋舞步都能讓人終生魂牽夢縈。「寫在歐洲行起飛前」作者易堅立透過千錘百鍊的實務經驗替讀者篩選出真正值得旅遊的景點，不媚俗的筆鋒獨樹一幟。

融入歐洲人的旅遊文化是本書另外一項特色。作者深入淺出地介紹當地人文風貌，便於讀者在下一次歐洲旅行取得嶄新體驗。打個比喻，讀者可以期待在巴黎聖路易島的 Aux Anysetiers du Roy 品嚐正統砂鍋，而非去中國城吃李錦記醬料調味的合菜。

欣聞堅立新書即將出版，個人不僅先睹為快，並樂於推薦。

胡祖慶　謹識

附註：推薦人為法國巴黎大學碩士，現任東海大學政治系副教授，教授「法國文化」等課程，旅遊文章散見聯合報和中國時報，曾替聯合報撰寫「法國吃情化」專欄。

作者序

歐洲領隊常被問的為什麼，一定要知道的歐洲冷知識！
旅遊歐洲時心裡的許多困惑，就讓專業領隊來解答！
知識、常識、冷知識，當地人習以為常的日常，可能會是我們所不理解的事，別因不瞭解產生誤會，別讓誤會破壞旅遊好心情，跟著小易領隊一起來瞭解歐洲文化、生活習慣與區域特性，讓歐洲旅遊更開心！

小易領隊今天不帶團，要藉著這本書來解答歐洲旅途中遇到的各種生活活文化、行程規劃等疑惑！

常常看到本該開心在歐洲旅遊、享受異國文化的朋友們，因為一些在當地很稀鬆平常的事，弄得自己不愉快，覺得被欺負，花錢渡假非但沒有調劑身心，也沒有體驗文化，反而受了一肚子氣。

其實追根究底只是不瞭解當地的文化環境、生活習慣，小易整理多年來所見所聞，分享經驗，解答大家旅遊歐洲的困惑。希望了解後，不會再因這些疑惑糾結，而壞了興致，不管能不能接受或認同，至少能放開心胸享受旅程。

有時接受到當地人的異樣眼光，實際上並不是歧視，只是生活習慣不一樣，只是文化大不同，這本書不介紹歷史地理，不說藝術建築，要來分享生活與文化的差異。

不管自助、跟團旅遊、商務訪問或長期住在歐洲，在歐洲時常有許多的問號，不僅讓旅人迷惘、好奇，連知道原因的當地居民、導遊、領隊們，雖然能理解，有時也覺得難以適應。唸書時，因為研究歐盟到歐洲蒐集資料，出發前也做足功課，想想雖然第一次踏上歐洲土地，應該很能適應歐洲的生活吧！但到了當地，才發現跟想像的不一樣，這幾年從事歐洲線專業領隊工作，每年超過一半的時間都待在歐洲，幾乎走遍歐洲各國，也慢慢解開長年在心中的困惑。發現歐洲各國間雖然多少有些差異，倒還算相似，但跟我們的生活文化相比，可就有很多不同，因此整理這些年蒐集的資料，藉這本書分享給大家，讓所有造訪歐洲的旅人們能瞭解歐洲，同時更放開心胸，優雅享受旅程。

因為自己也曾因生活文化差異感到困惑，現在被問到類似問題時，總會心一笑，也許你跟我一樣曾有過這些疑問，也許你覺得這些差異挺有趣的，那就跟著這本書一起來探索與解答旅途中出現的各種困疑吧！

目錄

法國巴黎 Paris 凱旋門

瑞士馬特洪峰 Matterhorn

第一章 生活特色篇

左上 挪威卑爾根布呂根
Bryggen, Bergen
左下 冰島雷克雅維克哈爾格林姆教堂
Hallgrimskirkja, Reykjavik
右下 葡萄牙波多路易一世鐵橋
Ponte Luis I, Porto

1.歐洲人渡假表示懂生活，手頭緊也得假裝出門渡假

定期渡假代表過得還不錯
歐洲人很愛曬太陽
沒錢渡假也要休假在家裝渡假
歐洲人跟我們一樣愛面子
西方愛定點東方愛移動渡假模式大不同

歐洲人有渡假的習慣，夏天到海邊、湖畔、山上，冬天則會安排滑雪假期，或到熱帶島嶼、相對溫暖的地中海濱渡假享受陽光，還有很多歐洲人會在小島、海濱、湖畔或山上購買渡假別墅，作為家族親友渡假的地方。出門渡假一方面是紓解工作壓力及增進家人間感情，同時也告訴大家他們重視生活品質，懂得享受生活，並不是只有工作；但另一方面的意義是在向親朋好友及同事們宣告「我們家今年過得很好」、「我們家今年生活有餘裕」，那如果真的經濟不寬裕，沒錢去渡假，那該怎麼辦，這時也會裝一下，請個長假待在家裡，假裝出遠門渡假。

在以往的年代裡，渡假是貴族及富裕人家的專利，歐洲各國王室都有夏宮、冬宮、狩獵宮殿等等，不同季節會住到不同類型的宮殿，貴族們也會跟著在王室宮殿附近置產。在那時代，富裕家庭多數是貴族，他們在各地都有房地產，會依季節選擇適當的地方度過炎炎夏天或寒冷冬季；夏日避暑、冬日避寒，白天男士狩獵、女士喝茶聚會，夜裡辦宴會等，都成為貴族們的休閒活動，說起來在承平時期，休閒幾乎是多數貴族主要生活重心，慢慢的到郊區踏青也

是渡假活動之一；但這時還沒什麼人爬山，這活動並不適合當時的貴族，因為那時山區還是很危險的，只有探險家及山區居民會進入，直到 19 世紀，阿爾卑斯山開始興起滑雪渡假，也差不多同時，海濱渡假也漸漸成為休閒活動的主流之一；羅馬時期流傳至今的溫泉浴，到今天，仍然是歐洲人重要的養生渡假活動或療養方式！大家沒有看錯，歐洲人也愛泡溫泉或喝溫泉，德國巴登巴登 Baden-Baden、瑞士洛伊克巴德 Leukerbad、捷克卡羅維瓦利 KarlovyVary、匈牙利布達佩斯 Budapest 等地都是著名的溫泉勝地。

19 世紀後，渡假已經不是貴族階級的專利，隨著中產階級人數增加，生活逐漸寬裕，也開始有經濟能力從事休閒活動，就跟貴族們一樣，開始享受渡假；附帶一說，觀光業也從此發展，加上鐵路運輸的發展，以及登山纜車系統的建立，不需要有私家馬車，也可以很容易抵達山區、海濱、溫泉等地區渡假。進入現代後，越來越多的庶民家庭也開始有能力渡假了，渡假成為歐洲人生活的一部分，也藉此告訴大家我過得還不錯，甚至演變到後來，努力工作的目的轉化成為了渡假、為了能有機會與家人親友享受假期！

當然富裕家庭會在海濱、湖畔、山區、溫泉區或海外等自家渡假別墅中享受假期，一般家庭則會租下 1 至 2 週，甚至 1 個月的國內外各類型渡假中心、私人渡假會館等，享受各種類型的休閒活動！歐洲的企業也習慣員工每年請 1 至 2 次的長假渡假；多數歐洲地區能享受陽光的時間並不長，所以人們喜歡陽光，也不怕曬黑，在海邊、湖畔或雪地都會曬黑，沒有錯，雪地也會曬黑，因為白雪直接

法國蔚藍海岸 Plage du Pin de Galle, Cote d'Azur

法國蔚藍海岸尼斯 Nice, Cote d'Azur

瑞士戈爾內格拉特 Gornergrat

反射陽光，很容易曬傷的，小易自己就曾因為在雪地來不及補防曬，回到旅館後，發現臉曬黑了，還有太陽眼鏡痕跡，總之，曬得黑黑的成為渡假的代名詞，也是渡假時節社會地位的象徵！

並不是每個人經濟條件都那麼充裕，雖然可以因預算考量，選擇不同的地區或方式渡假，這代表他們至少過得還可以，但如果真的手頭比較緊時怎麼辦？

其實，許多歐洲人也跟我們一樣，非常在乎面子，猜猜他們會怎麼做？當地朋友說，他們為了怕讓別人說「愛工作」或「過得不好」，記得，在歐洲「愛工作、愛賺錢」，可不是稱讚的話，反而是一種負面評價。他們會向公司請 2 週的假，也先偷偷在冰箱存滿 2 週的食物，並告訴同事、朋友、鄰居要去海外渡假，但實際上躲在家裡，但如果擔心沒曬黑會被發現，就會在家裡用燈泡助曬，或者利用大家都去上班的時間，到陽台、頂樓、日曬中心做日光浴，把自己曬得黑黑的，假期時間結束後，開心的告訴大家已經悠閒地享受了假期。從另一個角度說，還真的是渡完假，只不過是個全程都在家裡渡過的假期而已，這可是相當有趣的真實情況！！

希臘米克諾斯 Mykonos

希臘聖托里尼 Santorini

奧地利聖沃夫崗白馬飯店
Weisses Rossi Hotel, St. Wolfgang

2.地面樓層不是 1 樓，飯店大廳有標示

歐洲樓層算法跟台灣不一樣
記得進電梯的樓層就不會迷航
店鋪商家設在地面層
地面層上一層才是主要生活居住空間
飯店大廳通常有特別標示仔細觀察不迷惑

當第一次到歐洲時，也許有過在飯店電梯裡上演蒙難記的經驗，電梯按了半天 1 樓，明明到了 1 樓，但就是到不了飯店大廳或出口，原來歐規的樓層算法跟我們不太一樣，除了少數國家，歐洲多數國家的樓層從 0 樓算起，大廳出口樓層通常在 0 樓，也有依據地形而建的飯店，接待櫃檯及出入口可能在任何樓層。地面層從以前就稱為 0 樓，但其實 0 樓常常也不稱 0 樓，有 L 樓（Lobby）或 LL 樓（Level Lobby），也可能被稱為是 G 樓（Ground Floor），德國地面層叫 EG 樓（Erdgeschoss），西班牙有時會稱為 B 樓（Planta Baja），法國稱為底層（rez-de-chaussee），有時在地面層上還有夾層或中間樓，有些國家會稱 M 樓（Mezzanine），在西班牙則稱為 E 樓（Entresuelo），在往上一層才是 1 樓。

中世紀時期，高於兩層樓以上的建築，通常會是政府辦公處所、王公貴族的宮殿宅邸、有錢商人的店鋪或住宅等，一般平民百姓很難擁有高樓層建築。高樓層建築中，地面層的功能是接待、辦事、販售商品等，或者當成放置馬車、物品的空間，早期建築多數沒有地下室的設計，當建築技術進步後，部分會建有地窖當成建築基底

與儲物空間，有些地區後來發展出地面層與地窖結合的建築形式。總之，宅邸主人主要活動範圍在地面層樓上，不需要爬太多階梯，於是當然活動區開始的那層樓就稱為 1 樓，因此多數歐洲地區的地面樓層就是被稱為各種名稱的「地面樓」，往上一層才是 1 樓。

到了現代，稱呼沒有太大改變，大致也延續以往的使用方式，地面樓層仍然多數作為餐廳、商鋪、辦公處所使用，但已經不太當成儲物或停車空間，以現代觀點來說，單純儲物無法發揮地面層的優勢，太浪費空間了。

地窖的功能則增加不少，部分仍然當成倉儲使用，部分改裝成展覽空間、商業空間或小餐館，許多市政廳的大型地窖，則因挑高空間及冬暖夏涼特性，改建成高級的特色餐廳，如瑞士伯恩、德國慕尼黑的市政廳餐廳等。

總之，歐洲每個國家、區域對地面層的稱呼不見得相同，但可以說幾乎不會是 1 樓；國際連鎖飯店也因所在地不同而因地制宜，同一個標示也不一定指同一個樓層，感覺很複雜，其實觀察一下標示就可以知道每一層樓的位置，若不清楚，也可直接詢問工作人員。通常大廳所在樓層及地面樓的標示會不一樣，有時會大一點、加個框或使用不同顏色標示，為了方便各國來的觀光客辨識樓層，有些飯店裡還會在大廳樓層的按鍵旁貼上 Reception 或 Lobby 的標誌，下次到歐洲時可以仔細看看，只要看標示，就不會在電梯裡迷路，也不會找不到出口了！

3.市區公廁不好找，部分國家高速公路休息站如廁要收費

使用者付費很正常上廁所越來越貴
歐洲城市公共廁所不好找
觀光景點有公廁得仔細看指標
部分國家高速公路休息站如廁要收費但可抵消費
咖啡廳喝杯飲料順便上廁所是歐洲人日常

法國巴黎 Paris 塞納河畔咖啡廳

荷蘭阿姆斯特丹 Amsterdam 運河

歐洲很多城市裡的公共廁所真的比台灣難找，當然許多城市會設置公共廁所供遊客使用。特別是觀光客較多的城市或觀光景點，像瑞士、德國、法國、比利時、義大利等國家主要城市內會有政府或私人設置的公共廁所；但在西班牙、葡萄牙的大城市馬德里、巴塞隆納、里斯本等反而很難找到公廁，倒是較小的觀光城鎮通常會設置公共廁所，提供觀光客使用。

整體來說，在歐洲可以於旅客服務中心、車站、主要

景點、公園等地可以找到公共廁所，但在大街小巷中並不容易發現；其實在台灣，公廁多數設置地點也是在車站、捷運站、公園、景點等區域，在鬧區的街道也很難發現；但在台灣相對很方便，因為便利商店、百貨公司、大小賣場等都有廁所可以使用，而且都免費，加上台灣便利商店普及率可是全球之冠，的確比在歐洲容易找到公共廁所。

歐洲的公廁多數都依據使用者付費原則，必須給付費用，有人工收費也有投幣式收費，很多還可以刷卡，多數都在 1 歐元以下，因各地物價不同而有差異，也有些觀光地區的公廁收費比較貴的；像威尼斯就超過 1 歐元，這些收入可是確保廁所清潔的重要支柱，歐洲的基本工資多數較台灣高，特別是北歐、西歐與中西歐，如果僅

法國普羅旺斯魯西隆 Roussillon

奧地利維也納 Wien 釀酒廠餐廳

法國 A3 高速公路

葡萄牙里斯本 Lisbon

法國巴黎 Paris 咖啡廳

靠政府部門支出，不足以支付維持乾淨的廁所所需要的費用，所以就需要仰賴使用者付費，而且付費廁所通常比免費廁所乾淨衛生！

另外，有些公廁會設一個捐獻箱，清潔人員多數是教會、地方社團機構等的志工，他們協助清潔管理廁所，讓使用者自由捐款「隨喜」付費，所得提供教會或地方社團機構統籌運用，挺特別的！

實際上，對於大部分歐洲人來說，需要另外尋找公共廁所的機會其實並不多。走進咖啡廳或酒吧，喝杯飲料、咖啡是他們生活的一部分，因此他們通常會利用這些時機去廁所。而且，有時一杯咖啡的價錢與上廁所的費用不會差很多。下次在歐洲想要找公廁時，可以試著像歐洲人一樣，「喝個飲料或咖啡＋廁所」！

找廁所這件事，可是在歐洲帶團的領隊、導遊們最重要工作之一。中西歐國家高速公路發達，途經高速公路時是最不需要擔心這問題的，路上總會有休息站可以上個廁所；東歐國家主要道路也都會設置休息站供用路人使用，這時大家常出現另一個疑惑，怎麼上廁所也要付費，其實嚴格來說許多的休息站廁所需要付費使用，但並非所有的廁所都需要付費。

德國、瑞士、荷蘭、比利時這些高速公路普及的國家，高速公路上的休息站都是外包讓企業經營，而廁所也有專業的清潔管理公司與承包的企業合作，提供乾淨衛生的如廁空間；這些國家的休息站廁所也幾乎都要收費，大約 1 歐元左右，但通常投幣付費後機器會提供一張 COUPON 券，多數可以在休息站特定販賣部或咖啡廳消費時折抵 0.5 歐元左右，所以顧客實際支付的廁所清潔費並不高，別擔心看不懂外文，這些商家都會有很清楚的圖示，有些允許累積使用，也就是可以在一定期間內，在同一管理公司營運的其他休息站使用，算是挺方便的。

高速公路中也設有簡易的休息站，提供長途駕駛司機們休息一下，會有較簡易的廁所，這些無專人隨時管理的休息站，清潔人員雖會定期過去清潔，但畢竟是簡易式的，清掃次數少，而且免費，乾淨度當然就差很多。也會有些小休息站沒有設置廁所，但別擔心，進入休息區前的告示牌都會標明站內有哪些服務項目。

西班牙、葡萄牙等地，高速公路跟其他西歐國家一樣普及，休息站也都是外包企業經營，東歐國家許多休息站則是由私人經營，但這些休息站的廁所，跟台灣一樣，不需另外付費，當然他們希望顧客在如廁休息之餘，能夠購買點東西或喝杯咖啡，也因為基本工資及物價指數較低，所以廁所就讓大家免費使用！

有趣的是，疫情前法國、義大利高速公路休息站的廁所多數需要付費，但疫後出現變化，許多廁所改為免費使用，反而收費變成少數；但這些休息站的廁所，卻沒有以往來的乾淨，清潔人力變少了，最近到這些地區時，就會懷念起要收費的乾淨廁所！

簡單來說，如果有在休息站消費，實際支付上廁所的費用並沒有那麼高，說穿了，廁所清潔費是基於使用者付費原則而來，也因為收費，所以可以提供很乾淨的如廁環境！

4.空調使用有規範，山區及北歐多數沒冷氣

重視環保冷氣空調溫度調整有規範
冬天冷氣開不了只會有暖氣
季節交替沒空調當地人習以為常
山區及北歐平均溫度低沒有裝設冷氣必要性
全球氣候異常改變思維歐洲各地開始考慮裝設空調

瑞士策馬特 Zermatt 飯店

瑞士馬特洪峰 Matterhorn

瑞士鐵力士山 Titlis 人造雪

夏天到歐洲旅遊，特別是北歐、中歐，常常會發現餐廳、飯店、公共場所沒有冷氣；感覺他們也太省了，連冷氣也不裝，難道只是因為選到了廉價的餐廳或飯店，還是有其他的原因？

春天、秋天或季節交替的時節到歐洲旅行，也常常會遇到另一種類似的情況，就是飯店雖然已經裝設冷氣空調，但他們的冷氣卻不會開啓，吹出來的風僅僅是送風，詢問櫃台，通常會回答因為溫度還未達到開冷氣的標準。飯店也會有連冷氣都沒有的情況，確實，在歐洲不論是幾星級的飯店，都有可能出現沒有設置

冷氣的情況，餐廳也是如此，歐洲明明多數是高所得區，經濟條件也不差，怎麼連冷氣也沒有，這到底是為什麼？

其實原因挺多的，得分幾個部分來說明，首先，有冷氣但不能開或只能開送風部分，這是因為歐洲重視環保，冷氣會加劇溫室效應，所以有相關法規規定公共場所未達一定溫度是不能啓動冷氣的，因此當溫度未達像是 26 度等標準時，連冷氣主機都不能開，應該要以自然風為主。但如果是封閉式的空調大樓，因為全棟控溫及裝設的空調已經符合更高的環保規定，則可以開啓控溫的空調；簡單說就是未達標準不能開冷氣的意思，飯店、餐廳任意開冷氣可能會接到高額的罰款，最嚴重甚

瑞士少女峰 Jungfrau

德國楚格峰 Zugspitze

挪威克里斯蒂安松 Kristiansund

丹麥哥本哈根新港 Nyhavn

至停業。其實最近幾年台灣環保意識提高，像台北市也曾有26度以下不能開啓冷氣，特定地點冷氣最低溫只能開 26 度的規範，雖實行上有些難度，但立意良好，目前全台也在試辦冷氣不低於 23 度。

關於「沒有裝設冷氣」的這部分，實際上是因為在北歐、中歐、甚至有些南歐地區，一般情況下，夜間的溫度常年不會超過 26 度，每幾年中只會偶爾出現幾天超過 26 度的情況；特別是北歐及中歐山區等地，夏天全日均溫低於 26 度，也就是基本上完全達不到開冷氣的標準；在這種情況下，依據公共場所使用冷氣的規範，即使裝有冷氣也無法開啓，那裝冷氣就沒有實質意義；許多地區也只有白天偶爾出現高一點的溫度，只要開窗通風或簡單遮陽就能有效解決這個問題，因此這些地方並沒有裝冷氣的必要性！

另一個重要原因是歐洲人重視環保和自然，因此他們對於冷氣的需求相對低，許多歐洲朋友，他們家中都是沒有安裝冷氣的，而且多數歐洲國家的舊建築並沒有安裝冷氣空調的規劃，特別是私人住宅或老城區。

當然，沒裝冷氣還有個「難以安裝」的現實層面因素，因為許多歐洲建築動輒百年以上的歷史，那個時代並沒有冷氣的發明；因此也就沒有預留安裝冷氣的空間，要在這些建築安裝冷氣，可能會破壞建築物外觀，不只居民不願意，甚至法規也不見得允許，尤其是文化遺產建築，要安裝冷氣又不破壞外觀下價格非常昂貴。

另外，高額的電費也是必須考慮的狀況，簡單說，在中歐、北歐的居住環境中，雖然白天的溫度比較高，但是由於屬於大陸性氣候，相對乾燥；只要到有遮陰的地方，或是到了晚上溫度就會下降到 20 度以下；基於這些原因，人們不願只為了短時間的需求，付出高額的裝設及使用費用，因而對冷氣的需求相對較低，這些區域的飯店、餐廳，自然也透過自然通風的方式來調節室內溫度，而不會特別去安裝冷氣。

而歐盟對於遊覽車及巴士等冷氣開啟也有相關的規範，基於環保的原因，遊覽車在停車的時候是不允許開冷氣的，冷氣的溫度最多只能設定到低於戶外 12 度，且不能設低於 26 度，才能避免排放過多的廢氣。

對於居住在亞熱帶台灣的我們來說，並不容易習慣這些事。但到了歐洲當地，也只能試著適應當地的環境、遵守當地法規。但不只我們有這困惱，過去幾年，由於全球氣候變遷及溫室效應影響，歐洲夏季平均溫度提高，甚至夜間的溫度也不見得像以前一樣舒適。熱浪來襲時，很多歐洲朋友在仲夏的晚上都熱得難以忍受，小易自己近幾年也常在遇到異常高溫，還曾在北極圈旁的芬蘭羅凡聶米（聖誕老公公的家鄉）遇到百年難得一見的 30 度以上高溫，因此，越來越多公共場所或家庭都開始考慮加裝冷氣空調，這也成為重要的商機；甚至連電扇也開始有了市場，只是即使到現在，要買部電風扇仍然有一定難度。

當然在新城區，新建的大樓也開始預留裝設空調的區域及管道，新式飯店或飯店改建時也都會將空調列為必要的設備，只是在季節交替時節，因為法規規定，氣溫在未達標準前，冷氣主機仍然不會開啓，換言之，當溫度不夠低，暖氣也無法啓動。大致上來說，只有封閉型，對外窗戶無法打開的飯店、大樓，才會有整年度的空調可以使用！

北極圈芬蘭羅凡涅米
Rovaniemi
攝氏 31 度高溫

到歐洲旅行選擇飯店時，雖然可以仔細看一下是否有空調設備，但在山區、北歐等地常常不會有冷氣！另外雖然有冷、暖氣，只要溫度未達標準，仍然不會啓動！當遇到熱浪等異常高溫時，也只能先將窗戶打開，然後默默的期待夜間溫度下降！

法國聖米歇爾山 Mont Saint-Michel

挪威
布里斯達冰河
Briksdal Glacier
（逐年退縮中）

挪威索娜峽灣
Sognefjord

5.歐洲人強調以專業提供服務，概念與東方大不同

東西方服務理念不一樣入境要隨俗
歐洲重視專業服務並非不親切
台灣服務全球知名但非各地均認同
別以自己認知的服務要求不同文化背景的服務人員
服務靠專業而非卑躬屈膝
服務與被服務者無尊卑區分相互尊重體諒最理想

台灣顧客至上的服務理念舉世知名，精緻服務的概念還輸出到各地。然而「顧客永遠是對的」這想法在歐洲似乎行不通，歐洲人對服務的觀點與我們大不相同。許多旅客在歐洲旅遊時，期待著台灣式的服務，認為這才是應該享有的服務水準，但常常感到很失望；飯店櫃檯、餐廳服務生、商家店員、交通運輸業的員工等，有時還會展現出高傲的服務態度，甚至很明顯的讓人感到他們的不耐煩。這樣的服務讓人不禁懷疑，是否只有對我們「亞洲臉孔的外國人」才會這樣，甚至可能會讓我們有被歧視的感

法國亞爾 Arles

法國亞爾 Arles

覺，其實多數情況下，都是大家誤解了；仔細觀察，會發現他們對於所有的人都保持著同樣的態度。這主要是因為，歐洲的服務人員心中對於服務的認知和我們的理解真的大不相同。

歐洲的服務是以專業服務為取向，提供他們認為應給予的服務，服務人員代表的是飯店、餐廳或商家的主人，他們透過專業知識與技能來提供服務。而顧客雖然是客人，在以客為尊同時，他們認為客人也應該隨主人的規範。想想我們也有客隨主便的觀念，加上現代教育中，強調平等的概念，各行各業都是平等的，因此，服務人員跟顧客的地位是平等的；顧客當然可以提出要求，但服務人員也可以依據自己的判斷來決定是否要滿足顧客的要求。

餐廳服務人員代表的是餐廳老闆，提供顧客他們認為最好的服務。而疫情過後，人力短缺，許多老闆必須親自兼任服務生工作，當然既然代表主人，那他們與客人的關係自然是平等的，他們會確認顧客訂位情況後，安排適當的座位，然後再依他們的步調提供點餐等其他服務。有次在德國慕尼黑餐廳用餐時，想要同時點完飲品及餐點，此時服務人員就直接說，請我們先點飲料，強調送完所有飲料後，再回來幫我們點餐；在法國餐廳，我們也常遇到類似形況，另一次在西班牙用餐時，招手請服務人員過來要點餐，他們直接回答「正在忙著將餐具歸到定位，我忙完後會過來」，而且對所有國家的顧客都如此，並無差別待遇，這讓習慣迅速服務、顧客優先的台灣朋友來說，可能難以適應與接受。

關於服務生帶位，也經常引起誤解，除非是自由入座選位的啤酒花園、咖啡廳或酒吧等，一般餐館服務生會根據他們的規劃、用餐人數等來安排；當然有空位時，會詢問要選擇坐室內、室外或想坐哪個位置，並不是因為我們是外國人不讓我們選位，而是餐廳對所有顧客都一樣，每家餐廳都有自己的座位規劃方式。當然如果有事先訂位，也可以提出特別需求，其實跟我們多數餐廳相似；只是因為我們是旅客，比較不容易分辨這家餐館是自己選位或服務人員帶位，這時只要詢問一聲，餐廳服務生都會說明，如果是團體或人數較多的顧客，當然餐廳會有不同的安排。

另外以被視為服務業之一的航空公司為例，特別是歐美的航空公司，地勤、空服人員都根據他們的專業及流程提供服務。如果遇到航班延誤等等狀況時，他們會按照標準作業模式提供適切的協助，當然如果服務不足時，顧客可以表達自己的訴求及提出要求；但「會吵的孩子有糖吃」這類的想法在歐洲可就不完全適用，如果在飛機上或機場大吵大鬧，很有可能被以影響飛行安全而遭維安人員帶走，反而嚴重延誤行程！

小易常分享電影情節，讓大家理解服務概念的不同，「蝙蝠俠」的管家阿福，儘管身份是管家，提供知名的英國管家式服務，對蝙蝠俠提供生活服務及照顧；但同時也身兼父執輩與良師益友的角色，並不是「下人」，地位是家人，也是朋友。另外電影「美好的一年」中男主角到女主角的餐館幫忙，女主角提醒他要記得在法國「顧客永遠是錯的」，情節中有顧客對餐點提出超過合理範圍的要求，希望餐廳提供特製沙拉，結果被男主角請出餐廳，直接拒絕服務。歐洲的朋友們經常跟我分享，他們對於台灣「顧客永遠是對的」這種服務理念有許多的疑惑，甚至不認同這樣的理念，特別無法理解某些強調「以下對上」、「卑躬屈膝」式的服務態度。

總之，歐洲的服務人員不是對我們有特別高傲的服務態度；多數只是對自己專業有自信，並尊重自己的職業，以他們認為最好、最適切的態度來提供服務。當然不排除有少數是帶著高傲及歧視的眼光，我自己在巴黎著名的咖啡廳，就曾遇過亞裔的服務生，對我們的態度特別不好，對其他桌的顧客則是帶著親切笑容，穩穩地放置咖啡，但對我們則不

法國巴黎 Prise 雙叟咖啡廳

義大利佛羅倫斯 Firenze 餐廳

瑞士冰河列車 Glacier Express 餐車

奧地利聖沃夫岡 St. Wolfgang

法國盧昂 Rouen

奧地利哈修塔特 Hallstatt

然，不僅不正眼看我們，同時將咖啡杯直接重重放在我們桌上，咖啡都溢出來了，這可一點也不專業：反倒是歐洲裔的服務生對我們是客氣且禮貌，但相信這僅是個案，大多數的服務人員只是展現專業。

另一角度，我們作為顧客，也應該尊重服務人員的專業，畢竟各地服務的文化各有不同。歐洲也是進入現代後，才有完全平等的服務理念。到了歐洲，別以我們自己認為的想法來解讀、詮釋他們的服務，我們應該適應歐洲的服務文化，理解飯店、餐廳、商家等等都屬於他們自己的服務方式！

6.歐洲人不愛撐傘，晴天極少人撐陽傘

天晴撐傘很奇怪
愛曬太陽不遮陽
雨天靠機能外套也不一定會撐傘
撐陽傘要注意避免傷到路人

夏天不就是要撐陽傘嗎？特別是陽光很強的時候，路上很多女士們會撐著陽傘遮擋陽光。但這在東方世界很普遍的舉動，在歐洲卻常常會引來異樣的眼光，這到底是怎麼回事！？

其實，在歐洲，大多數人並沒有撐陽傘的習慣，甚至下雨天也有一大半的路人不愛撐雨傘。最多只是搭配有帽子的大衣或具防水機能的外套，但在常下雨的地區例如倫敦等地，倒是許多人會隨身帶著傘，才能面對變化多端的天氣。歐洲多數地區雨量通常不會下太大，也不會下太久，遇到下雨時，找個地方待一下，陣雨就過了，或穿個外套遮一下就可以。雖然近幾年隨著氣候異常，豪大雨的機會變多了，但歐洲人仍然以機能型外套為主，偶爾才會使用雨傘來應對。

夏季的豔陽天裡，紫外線很強，人們很容易曬黑，對我們而言，感覺挺需要撐個陽傘遮陽的；但大家如果仔細觀察，就會發現歐洲人挺愛曬太陽的，像是夏天度假一定要把自己曬黑、用餐喜歡選戶外曬得到一些陽光的座位之類的，最多用大陽傘稍微遮一下陽光。

特別是中歐、北歐等日照天數較少地區，夏日或晴天時，居民喜

愛享受久違的陽光，在這種情況下，對撐著陽傘的人自然投以特別的眼光；甚至有些調皮的路人會故意直接以語言或肢體語言提出類似「下雨了嗎？」、「撐雨傘在遮什麼？」等疑問。尤其是天氣晴朗的情況下，撐著陽傘走在路上，會變成眾人關注的焦點！因為當地人會覺得不愛享受陽光，太奇怪了！另個角度，如果只有少數人撐傘，實際上挺危險的，在人群中有刺傷人或撞到人的風險。在下大雨的天氣中因為大家都有撐傘，彼此出現良好社交距離，且會互相注意，就比較不會有這問題！

在很多老照片或繪畫中，會看到女士們拿著製作得美輪美奐的蕾絲傘具，顯示傘具曾經是重要飾品配件，這類傘具看來僅能遮陽。進入現代後，反而退了流行，猜測應該是工業化大量製作後，已經失去特殊性，現在多數女士或男士都不會撐陽傘，當然下雨天時，還是會選擇撐雨傘。

西班牙安塔露西亞地區夏日動輒40度以上溫度，當地朋友如果不得已要在豔陽下走動，除了帽子外，有些會選擇撐陽傘，畢竟在這種高溫下，他們認為會在外頭走的只有「瘋子」及「觀光客」，午後炙熱的陽光下，愛太陽的他們在也只能選擇待在陰涼的地方，而不會在外活動，當地還因此發展出避開陽光的午休文化！

有機會在陽光下漫步歐洲街頭時，可以觀察一下，如果過度炙熱的地方應該沒什麼路人，正常的天候下，許多歐洲人會享受陽光，遇見撐陽傘的路人，多是來自東方的觀光客，在歐洲並不是不能撐陽傘，只要撐傘時注意一下，別影響或傷到其他人就好！

7.羅馬式桑拿 Sauna 須裸身，男女混浴彰顯平等

部分地區桑拿沒分男女混浴很正常
羅馬式桑拿有規定須裸身有穿衣物不能進
芬蘭浴已可接受包毛巾或泳衣
進桑拿前注意標示以免遇到裸身混浴不自在

當到了德國、瑞士、奧地利、荷蘭、芬蘭等地，在飯店check-in及說明飯店設施時，最令大夥驚訝的，通常是「這間飯店使用桑拿（Sauna）時不能穿衣服，而且男女沒有分開」，大家接著就會問這是真的嗎？然後嚷嚷一定要去，但實際上通常都沒有團友會去，於是就常變成領隊獨享，雖然並不是這區域所有桑拿（Sauna）都有這規定，但比例可是很高喔！簡單說混浴是源自男女平等的概念。

匈牙利布達佩斯蓋勒特浴場
Gellert Furdo

瑞士格林德瓦 Grindelwald 飯店
Romantik Hotel Schweizerhof
設有男女裸身混浴的 Sauna

桑拿（Sauna）這個字是芬蘭語，意思是沒有窗戶的小房

冰島藍湖溫泉 Blue Lagoon

德國巴登巴登 Baden-Baden 溫泉區

冰島蓋錫爾 Geysir

間，桑拿就是芬蘭浴，芬蘭浴於 2020 年 12 月已經被聯合國教科文組織 UNESCO 正式列為世界文化遺產喔！據考據，在西元前 4000 年前左右的新石器時代就已經發現人類使用桑拿（Sauna）來清潔身體與養身的痕跡，桑拿（Sauna）類似烤箱，所以一直以來也沒有所謂男女分開的概念！演進到現在，已經成為當地及周邊國家人們聊天、休閒、保養身體的重要場所，芬蘭幾乎每家都有自己的 Sauna；去桑拿等同於我們的去咖啡廳或去酒吧！

嚴格說起來，芬蘭浴在芬蘭及以日耳曼（德意志）民族為主的這些國家得裸身、混浴的傳統，雖然沒有正式的官方說法，但可以推論跟芬蘭浴的歷史及羅馬的男女混浴有關，具有彰顯人人平等、男女平等的概念。也有種說法是裸身比較有效果，同時可以避免誤帶危險物品進入 Sauna 房中，畢竟在以往 Sauna 房是透過木材燃燒或電烤爐加熱石頭來產生熱氣，萬一攜帶易燃物可會有危險；另一種說法是在這類場所裸身社交，有心人士就沒法藏武器在身上，是比較安全的。

男女混浴在歐洲的歷史可以追朔到羅馬時期，羅馬人是最喜歡洗澡的民族之一，到公共澡堂洗澡聊天就跟現在到大夥約到咖啡廳喝咖啡一樣；當然他們也喜歡約著一起上廁所或一起洗澡聊天，這可是也歷史記載的！澡堂的規劃設計可是羅馬科技、建築技術及藝術的展現，也是執政者的重要政績；也沒有特別規範男士浴場或女士浴場，但羅馬元老院時期開始禁止男女混浴，認為這是不符合道德標準的行為，也建立了許多專供女士使用的浴場。隨著羅馬從共和轉變為帝國，西元一世紀的尼祿皇帝為了建立政績攏絡公民，建立了 3000 人可以共浴的男女混浴大浴場，只需要付很少的費用就可以使用的休閒設施，重新合法化羅馬的男女混浴；有學者認為當時這做法是為了彰顯男女平等。當然另外有一種說法，太愛洗澡是羅馬逐步走向滅亡的主因之一。

羅馬帝國勢力擴大至幾乎整個歐洲，羅馬的文化、城市規劃、公共設施及生活方式也隨之擴展；後來的哥德人（屬於日耳曼人的一支）及日耳曼人（神聖羅馬帝國）成為羅馬在歐洲本土的繼任者，除了本身文化，也沿襲了羅馬的宗教與生活方式。

芬蘭浴及羅馬浴場的兩股文化持續交融，隨著日耳曼民族、漢薩同盟的發展而擴散。到了現代，在芬蘭及德國、瑞士、奧地利、荷蘭等這些國家的 Sauna，統稱為「羅馬式 Sauna」，還是維持傳統要裸身及男女混浴，在這些國家的溫泉浴場，也有部分仍然是男女混浴的裸湯！所以到這些國家旅遊時，如果進入 Sauna，雖然盥洗室分開，但如果走進去後發現有異性，而且都沒有穿衣服或泳衣，可別太驚訝，就融入當地文化。只有很少數會設計男女分開的 Sauna 設備，部分會設有女仕專用區，像慕尼黑機場飯店，因國際觀光客很多，就設置女性專用 Sauna 區，專門提供女賓使用，男賓只能到男女混浴區。其實門口都會有標示，告知必須裸身，如果沒有標示的，基本上可以穿泳、浴衣或披毛巾，也有很多觀光地區為了體諒不同國家的文化，方便各地來的觀光客，也常常是可以自己決定要不要穿泳（浴）衣或裸身。

簡單說，標示「羅馬式桑拿」或直接寫需裸身的地方，基本上不能穿任何衣物，多數能接受使用浴巾遮一下重要部位；雖然拿浴巾遮一下的動作，反倒會吸引其他人奇怪的目光，因為浴巾的功能是拿來鋪在座椅處避免座椅沾到汗水的。另外常常會看到亞洲女仕們在桑拿外探頭探腦看有沒有其他人在，這樣對已經在裡面的人並不禮貌；聽到有聲音或已經開燈時，就該決定進去或不進去，不太應該探頭往裡看。總之，下次有機會到這些國家使用 Sauna 時，注意一下是不是該裸身，以免受到驚嚇，如果是，就跟當地人或西方人一樣體驗一下不同的文化，害羞時以浴巾小遮一下也是 OK 的，當然要讓領隊獨享 Sauna 桑拿室也不錯！

第二章 交通道路篇

左上 法國雪儂梭堡
Chateau de chenonceau
右上 荷蘭庫肯霍夫花園 Keukenhof
左下 德國新天鵝堡
Schioss Neuschwanstein

1.歐洲多數車站不設驗票口，靠自律及高額罰款

買票上車是生活基本規範
沒有查驗票口時完全靠自律
部分國家查票嚴格票券得打印日期或打洞
少數城市設驗票口節省人力

地鐵站、火車站沒看到驗票口，一路往前就走到月台了，很多人在歐洲都有這類的困惑。自助旅行比較常遇到，團體旅遊也會遇到有搭火車或地鐵的行程；下次可以仔細看一下，另外部分城市公車有設票卡的刷卡機，但有些也沒有。那車票該給誰檢查，該怎麼付費，其實不是全歐洲都如此；舉例來說，德國、瑞士、奧地利、丹麥、捷克等地鐵站、火車站都沒有驗票口；但荷蘭、法國、西班牙、葡萄牙的地鐵站就有設置，有趣的是這些國家因反恐等安全原因在高速鐵路（快速鐵路）站加設查驗及安全檢查口。

匈牙利布達佩斯 Budapest 中央車站

城市間或市郊鐵路運輸因為站與站之間較長，查票員可以逐一查票，所以歐洲絕大多數的鐵道系統（火車）進站時都沒有設驗票口，而市區內的地鐵或區間列車，站與站間距離很短，沒有設驗票口的城市，查票員就會透過抽查的方式來查驗！

瑞士伯連納列車 Bernina Express

德國、瑞士、奧地利等地強調居民

有高度的道德標準；且多數搭乘大眾運輸工具的乘客都持有月票、季票或年票，當然也針對逃票有高額罰款，逃票被抓到也會註記在個人資料中，曾有許多人因有逃票紀錄而無法進大企業任職。另外捷克、匈牙利等地的城市地鐵系統雖沒有驗票口，但設置非常多的查票人員，依據小易的經驗，在德國搭地鐵或在瑞士境內搭區間列車時，遇到查票人員的機會比較少，但在布拉格、布達佩斯等地就常常遇到！

如前面所說，不是全歐洲都是這樣；法國、荷蘭、西班牙、葡萄牙等地的地鐵就都設有驗票口，主要原因是可以節省人力，但有另一種說法是這些地方逃票的情況比較嚴重，想相信哪一種自己決定。說來有趣，德國、瑞士的人力成本也挺高的，而西班牙、葡萄牙的工資在歐洲反而算低的，是否設置驗票口的決定因素到底是什麼，就很難得知了。

特別要注意的是，在搭乘火車或地鐵時要看看所有的持有的票是不是需要到打印機打卡；單程票、回數票多數需要打印上票券啓用的時間，有些是打洞，過了打印機設置的地方或到了月台，有些車站會將機器設置在月台，過了就會視為搭車。持有沒打卡的票也會被當成逃票，可能會有高額罰款！儲值票就不需要另外打印，有限定班次及劃位的長程列車票，可以直接憑紙本票或電子票券上車，多數已經不需要另外換票或打印搭乘時間！

到歐洲有機會搭到火車或地鐵時，可以仔細觀察一下，是不是許多歐洲城市的大眾運輸系統並沒有特別設立驗票口！

2.歐洲行人至上，車輛會禮讓路人

行人天堂在歐洲車輛會禮讓路人
行人穿越道路依號誌走穿越道安全有保障
交通法規從小教育長期養成道路禮儀

各國的交通法規都規定：「車輛行經沒有設置號誌的行人穿越道（斑馬線），必須禮讓行人先行。」

但因為我們在台灣，就算已經走到行人穿越道上了，都有可能被行經的車輛按喇叭催促，甚至會看到車輛加快速度要行人禮讓，所以多數習慣等完全沒有車時再通過行人穿越道。當然台灣因被指為「行人地獄」，最近嚴格執法，提高相關罰則，已經改善不少。只是大家到了歐洲，特別是要穿越車流量比較大的路口時，還是會在路旁等待，而當地車輛通常會在行人穿越道前暫停一下，如果發現路人沒有往前走，他們才會繼續通過；但是如當大家愣在路邊時，駕駛會難以判定路人是不是要穿越馬路，反而造成駕駛困擾，大家都無法前進，當然也有些駕駛會比個手勢請路人快過。

在瑞士、德國、奧地利、法國、西班牙、葡萄牙、比利時等西歐、西南歐、中西歐、北歐國家，確實絕大多數車輛在行經行人穿越道人會禮讓行人先行，這不只是交通法規，也是當地人的生活習慣。一方面是交通法規及法院判例中，對於車輛危害行人安全的罰款及賠償金非常高；另一種說法是只要因違反交通規則肇事，會傾家蕩產，另外從小到大，家庭、學校、社會教育皆是強調行人至上觀念，因此長期養成尊重行人的道路禮儀。

法國謝迪尼 Chedigny

法國謝迪尼 Chedigny

法國謝迪尼 Chedigny

行經沒有設置交通號誌的行人穿越道時，只要看到行人要通過馬路，就會停下車讓行人先通過；有時遠遠看到行人要通過穿越道，就會減速停下來，所以下次在這些歐洲國家要通過行人穿越道時，當然首先還是要注意一下車輛有沒有看到你，因為車輛要停下車還是需要緩衝距離，然後勇敢的、明確的向前走，讓車輛看到你要過，車輛就會停下來了，而且會有耐心的等大家通過！要通過行人穿越道時，別在路旁猶豫，因為要走不走時，駕駛無法判斷路人的動向，會不知該如何應對，反而對雙方都很危險！

但有一點很重要，並不是所有駕駛都如此，歐洲各地還是有許多外地駕駛或少數習慣比較差的駕駛，依個人經驗，特別強調是個人經驗，當然也不是所有歐洲國家的車輛駕駛都有那麼好的習慣；如果到了匈牙利、波蘭、義大利部分地區、巴爾幹半島等東歐、東南歐、南歐國家，這些地區不遵守交通法規、沒有良好習慣的駕駛比例就比較高！在這些地方通過行人穿越道就得比較小心！

奧地利維也納 Wien 歌劇院

捷克庫倫洛夫 Cesky Krumlov

最近台灣嚴格持法，近期禮讓行人的狀況雖有好一些，但通過行人穿越道時，總是覺得車輛駕駛、行人等用路人的教育還歐洲差一截。雖然交通法規各國都差不多，但仍有許多駕駛看到行人穿越道有路人要穿越時，直覺想加速通過。而我自己開車在行人穿越道前停下來等行人過馬路時，行人也不敢過；相信有一天，我們也能擺脫「行人地獄」封號，跟多數歐洲地區一樣，成為行人的天堂。

捷克庫倫洛夫 Cesky Krumlov

法國巴黎 Paris 塞納河

3.航班超賣為常態歸責航空公司，歐盟區有賠償

歐洲航空超賣延誤屬正常

航空公司精密計算超賣有利潤

歐盟區有規範保障旅客權益

航空公司延誤超賣影響行程須賠償

妥善應對維護個人權利避免踰矩行為被視為影響飛行安全

延誤一定時間內免賠償希望航空公司加快疏運

同樣經濟艙票種艙等不一樣團體票促銷票艙等低

這需要分幾個部分來分享，首先，歐洲航空公司確實常超賣；如果搭乘平價航空、歐陸線航班真的常遇到延誤；再者促銷票、團體票或折扣票艙等最低，價格最便宜，因此常常是被航空公司首批取消機位或排候補的對象。另外，因應這些狀況，歐盟有完整的旅客權利保障規範及賠償規定彌補乘客損失；當然，延誤也可能是天候、地勤作業、班機調度、機件等因素，畢竟為了安全，此類問題偶爾會發生也算正常。

不只歐洲的航空公司有超賣這問題，越來越多的國際航空公司也透過超賣來增加年度利潤。責任在航空公司，並不是票沒訂好，不能歸責給訂票的旅行業者，更不可能是領隊有問題；業者都會希望團體平安順利，但如果是參加團體出遊時遇到這些狀況時，旅行業者有義務協助處理，現場領隊也會安排協調，如果是自助就只能靠自己解決。

團體行程訂購的多是團體票，顧客也是因為團體價格較同等級個

人價格優惠而參團，當團體票遇到相關問題時，且旅行業者確實已完成訂票開票手續情況時，航空公司對旅客直接負責；依據我國旅遊定型化契約，簡而言之，不可歸於旅行業者之事由，致搭乘飛機等大眾運輸工具所受損害，由提供服務的業者（指航空公司）直接對顧客負責，旅行業者要負責的是應盡善良管理人的義務。

歐洲區域有許多平價航空（Budget airlines 預算航空，或稱 Low-cost airlines 低成本航空），區域內機場林立，搭飛機跟搭巴士一樣：一批旅客下完飛機，簡單清潔數分鐘就可以上新一批旅客，但因時間抓得很剛好，地勤人力有限，常出現延誤，甚至取消情況，也波及一般長程線正常航空公司，另外為了提高利潤，習慣固定超賣一定比例。歐盟為了確保乘客權利，制定相關保障規範和賠償標準，適用於歐盟的航空公司，或在歐盟境內起降的航班，其他地區的航空公司或航班，則需依據當地國法規或購票時的條款來處理。

值得注意的是近年「大數據」盛行，不只是平價航空，包含土耳其航空、荷蘭航空等知名航空，都透過大數據精確計算轉機失接、旅客取消或改票等各種風險，評估超賣機位後，加上賠償給機票機位都已經確認卻被取消座位的旅客相關費用等，整體年度獲利會比不超賣還高。因此會固定超賣一定比例，例如 5%、10%等，一般情況下，將緊急出口、保留座位釋出後，並將高價票或高卡別會員（航空聯盟高等級會員）由經濟艙升等商務艙，多出來的座位就足夠。但萬一該班飛機商務艙、經濟艙全部售完且超賣後，也剛好大家也準時來搭機，勢必就有乘客無法上機，正常情況會透過徵求自願者或指定購買最低艙等機票旅客，以同時提供食宿、賠償，並安排改搭其他時間航班等方式處理。

荷蘭阿姆斯特丹 AMS 國際機場

不只經濟艙，商務艙亦有可能超賣，另外也常聽說超賣後惡劣的處理方式，例如航空公司提早關機門結束登機、強迫旅客下機、惡意稱特定旅客不適合搭機（如酒醉、精神有問題等），這些不只在歐洲時有所聞，也有許多台灣旅客受害。很多購買促銷票、折扣票、團體票等較低艙機票搭機的旅客，都曾有遭受航空公司不妥對待的經驗。

希臘 SKG 國際機場土耳其航空班機

歐洲伊比利半島上空

許多旅客會透過提早到機場、線上 check in 方式降低風險；只是航空公司也會鎖住系統不讓低艙旅客進行線上 check in，亦或者直接顯示座位候補等方式應對，最後大家

阿聯酋航空商務艙

法國普羅旺斯 Provence 山城

希臘聖托里尼 Santorini

盧森堡 Luxemburg 舊城區

瑞士伯恩 Bern

就習以為常。如有遇到延誤或被迫改航班就直接等賠償，也出現專門代位求償的公司，針對延誤超過一定時間、未提前公告罷工或航空公司故意行為等，不須先預付任何費用，而是透過收到賠償金後扣除相關手續費的方式提供服務；代位求償公司因獲得許多人的授權，加上有專門法律服務團隊，成功機會比個人申請還高，小易也曾透過這些公司獲得航空公司賠償，如果是因天候、機場罷工或不可抗因素，就自己再訂一張票，或改搭其他交通工具。

另外為何同樣經濟艙還有艙等的差別，簡單說經濟艙中區分不同等級艙等，票價不一樣，包不包含託運或登機行李、行李重量、可否選位、改退票規則等都不同；促銷票、折扣票或團體票最便宜，專業的說是艙等最低，航空公司遇到超賣時，首先從低艙等的開始取消機位，也就是最便宜的票開始，重點是這些機票是沒問題的，是機位被取消。遇到這情況時，常常有人誤會如旅行業者沒訂好、沒買到機票之類，其實是機位被取消或排候補座位；如補上了自己不搭就是放棄，所以實際上領隊並不喜歡中段飛機太多，要處理面對的問題會變多，都覺得搭巴士最簡單，但畢竟得花較多的交通時間。

在歐盟搭機的保障是什麼，因應這些可能爭議，歐盟制定了航班保障法 No 261/2004（或稱 EU 261/2004），規範在歐盟境內起降的航班及歐盟成員國所屬航空公司面臨航班延誤、取消或被降艙等時應負的責任，以保障乘客的權利。也就是說只要乘坐往來歐盟境內的任何航空，除了特殊情況，如果遇到航班在起飛前臨時被取消、延誤抵達超過 3 小時以上或因航空公司超賣等各種因素拒絕已經確認機位的乘客登機、延誤等；賠償從 250 歐元起，航空公司有義務提供乘客必要的住宿、餐飲等需求，乘客也在一定條件下有權向航空公司索取最高 600 歐元的賠償金（如搭乘歐盟的航空公司航程 3500 公里以上航班等）。

聽起來好像只要在歐盟搭機，遇到航班被取消或延誤就可以獲得賠償，但得注意的是，這是有條件限制的；如 3 小時內延誤並無規範賠償條款，就是希望航空公司盡快將旅客送訪目的地，而不是索性取消航班。但當遇到包含類似機件故障、天候、機場罷工等特殊情況，且航空公司已合理安排，或者航空公司已於 7 日前通知且安排一定時間內起飛與抵達的替代航班等，不能額外請求賠償！

歐盟對乘客的法律保障是有較完整的規範，如果在歐盟境內搭乘航班或搭乘歐盟航空公司，遇到延誤、取消或是被拒絕登機等，記得保留相關資料或收據向航空爭取自己的合法權利。同時記得向自己投保的保險公司或信用卡公司申請旅遊不便險理賠！

那其他國家的航班，就得看各地的法規及機票規則，以飛台灣的國際航空來說，阿聯酋航空、土耳其航空、荷蘭航空等也會為了更高獲利，出現超賣狀況，起降地在歐盟區或像是荷蘭航空等歐盟的航空，依據歐盟法規規範賠償。土耳其航空、阿聯酋航空等也以談條件方式，徵求自願乘客改搭其他班機，有時以 600 歐元或歐洲線來回機票作為賠償，需要注意的是，但如果是自願談妥條件，航空公司常不會提供延誤證明，也會要求簽具切結以防提出後續求償。

歐洲人遇到相關情況，通常都選擇冷靜接受條件，台灣朋友以往比較多會激烈表達不滿或抗議。近年因土航、荷航飛台灣後，頻傳超賣事件，甚至出現惡意取消機位的個案，部分旅客已較能理性面對，循正常途徑申訴求償。但大多數仍誤將責任錯指為旅遊、代訂機票業者或認為是領隊的問題；其實責任歸因在航空公司，目前也無法禁止航空公司藉一定比例超賣來提高獲利，如果因此權利損失，像多數歐洲人一樣，理性面對，應該是最好的選擇；避免不理性的踰矩行為，這些舉動可能被視為影響飛行安全，導致被拒絕登機或拘留。當然如果是跟團，領隊及旅行業者會提供協助，並要求航空公司給予合理安排及賠償。有時換個角度想，能依計畫回來很棒，但萬一延誤了，航空公司若已妥善安排，那就快調整後續行程，調整心情，開心地在當地多玩一會，當作額外的獲得的旅程！

4.歐洲人愛騎自行車，專用道不會禮讓行人

歐洲自行車很普遍節能環保又健身

穿越自行車專用道要小心騎士不太讓行人

停等行人穿越道要注意別誤入自行車專用道等待

在歐洲，多數國家的駕駛人都很遵守交通規則，也很尊重行人的路權，在沒設號誌的行人穿越道上幾乎都會禮讓行人。但是自行車有些不一樣，但說起來多數自行車騎士普遍仍是遵守交通規則的，只是跟我們所知不同；在設有自行車專用道的城市，自行車車速通常很快，觀光客一時很難分辨專用道在哪裡，通常在人行道跟馬路之間會有一條看起來像的縮小版車道的自行車專用道；仔細看，在愛騎自行車的荷蘭、德國、北歐等地都可以發現，但不是每個地方都有條件設置自行車專用道，這些地方會與行人共用路段。

荷蘭羊角村 Giehoorn

荷蘭羊角村 Giehoorn

荷蘭羊角村 Giehoorn

丹麥哥本哈根 Copnhagen 市政廳廣場

荷蘭庫肯霍夫 Keukenhof 花田區

荷蘭鹿特丹 Markthal, Rotterdam

荷蘭贊丹 Zaanse 風車村

有趣的是在歐洲幾乎所有車輛駕駛都會理讓行人，只要沒有號誌，一定是行人優先；但自行車不一樣，許多騎士並不會特別讓行人，也不需要讓行人先走，尤其是在自行車專用道上！

說來是因為自行車煞車停車後，要重新恢復到一定車速需要花點時間；特別是以前歐洲自行車習慣以腳剎車的方式設計，也就是往後反踩是剎車，小易自己在歐洲騎過，可能因為不習慣，真的很不容易操控。現在雖然使用手剎車的自行車比例已經很高，但停停走走需要較長的反應時間，自行車專用道就是在減少干擾，讓以無污染的自行車作為交通工具的通勤族能快速抵達目的地；加上設置專用道降低對行人的影響，同時保障行人的道路安全。所以歐洲許多國家都在主要道路旁設置專用道，荷蘭阿姆斯特丹的國家博物館還為了愛騎自行車的荷蘭人，特別在博物館地面樓層的正中央開了一條自行車專用道。

基本上在歐洲主要城市，人跟自行車多是分道的，行人行經自行車專用道時，都會停看聽，確定沒有自行車過來才會穿越；當然偶爾有人車共用道時，自行車就比較不會特別禮讓行人，當然人車分道的地方本來行人就不應停留在自行車專用道上，只是觀光客常常不知道，不小心就站在專用道上！

在行人與自行車共用道的地方，在多數國家騎士還是會禮讓行人，只是自行車在道路上的車速並不慢，有時難以控制。特別是像在阿姆斯特丹市中心區，因道路空間限制，常有無法設置專用道的路段，加上當地人比較「急」些，車速挺快的，就會出現自行車不讓行人的情況！

在歐洲國家的道路旁得注意一下自己站的位子，自行車專用道都會有特別的標示，或者明顯與人行道不同。我們遊客並非當地居民，不會那麼熟悉道路狀況，得特別注意這些標示，依據小易經驗，當跟朋友說小心自行車道的車時，大家通常不知道自己已經站在車道上，進一步指了地上的自行車符號或旁邊的告示後，大家才會發現：原來旅客常忙著欣賞街景，一不注意就忽視週邊標示，隨時注意安全是必要的，但要穿越自行車專用道或遇到自行車更要特別小心，才能確保自己的安全！！

5.歐洲鐵公路發達，車站常沒有電梯或電扶梯

歐洲大眾運輸發達但鐵公路並不適合大件行李
鐵路運輸很方便只是帶大行李上下車有難度
電梯電扶梯設置不普及有需要進出站得先找找
大城市車站不只一個需要確認搭乘站
乘車月台常常換需要隨時注意站務人員廣播
轉乘火車地鐵輕裝少行李較方便

歐洲大衆運輸發達，公路系統歷史悠久，距今 2 千多年前就逐步建立完整的羅馬官道系統，一般道路遍布各地，現代的高速公路也串連歐洲各大小城鎮。1830 年從英國開始發展的鐵路運輸系統，歷經近 2 百年的進化，遍及歐洲各地，加上從中世紀定期運送郵件的郵政驛馬車順便搭載乘客所演化出的公共運輸概念。密集公路、鐵路網絡，輔以傳統的河運系統，現代的航空運輸，構建包含市區公車、長短途巴士、電車、地鐵、區間與跨國鐵路、渡輪、船舶等四通八達的完整公共運輸系統。

歐洲大衆運輸網絡密集，但為何總有人說外國觀光客會說攜帶行李在歐洲搭乘大衆運輸旅行並不方便。其實指的是大衆運輸固然便利，但對於攜帶大件行李旅行的觀光客而言，如果選擇搭乘路上或船舶的大衆運輸時非常不方便。

歐洲車站歷史悠久，部分缺乏現代電梯電扶梯等便利設備，當然這是各城市公共設施改善的重要環節之一，大型車站也逐漸改建裝設相關設備，全新的車站當然設施完整，幾乎都設置電梯、電扶

梯，而小型車站受環境限制，增改建難度較高；提供城市內短途運輸的地鐵、電車車站更難增建，倫敦、巴黎、馬德里等地鐵歷史都超過百年，特別是較舊的地鐵路線中，並非每個車站有條件改建；新的地鐵路線也常常因遇到歷史遺跡而暫停施工或繞道，普遍增設電梯、電扶梯有一定的難度，歐洲城市較新的地鐵路線中，多數可以在特定出入口可以找到相關設施。

德國慕尼黑 Munich 中央車站

法國巴黎 Paris 地鐵站出入口

雖然歐洲大型車站或新車站基礎設施都已經改善，多數都設有電梯或電扶梯，方便攜帶大件行李的觀光客。一般會覺得觀光客比較少使用到缺乏相關設施的較小車站，但實際上卻常常因為行程中的飯店可能就位在小型車站附近，或者需要再轉乘當地地鐵等大眾運輸，這時就會發現攜帶大件行李搭乘大眾運輸時，並沒有想像中的那麼容易。

瑞士圖西斯 Thusis 車站

法國巴黎 Paris 塞納河

包含鐵路運輸最準時、最發達的瑞士在內，至今仍然也許多轉乘的車站無法增設電梯電扶梯等設備，各月台間換車只能靠樓梯上下；而且轉車時間通常不長，要帶大件行李換月台，非常有難度，當然瑞士發展出另外一套行李託運系統，可以在飯店、車站交寄行李，只要在一定時間前交給櫃檯，最快可以在當日直接送達配合的飯店、車站。也在各車站設有行李寄放處，方便觀光客寄存大件行李。

瑞士格林德瓦
Grindelwald Grund 車站

當然如果選擇搭乘長程巴士，感覺簡單多了，在巴士站可以直接將大件行李放上巴士，就可以抵達目的地。但除非行程中的每個目的地都是長途巴士可以直接抵達，要不然勢必會遇到需要轉乘當地市區巴士、電車或地鐵的時刻，此時「行李問題」再次出現。除了開往機場的大衆運輸系統，市區巴士、電車或地鐵本來

義大利佛羅倫斯 Firenze
聖母百花大教堂

法國巴黎 Prais 地鐵站

設計上就沒有大型行李上下車的規劃，也沒有置物空間，攜帶大件行李搭乘自然不會挺方便。

另外歐洲的大城市，通常都有數個不同的火車站，通往不同地方，巴黎就有 7 個車站，北站、南站、里昂站等，長途巴士站也會有好幾個，就像我們以前國光客運、統聯不同站一樣；搭車前需要買對票，也要確認清楚出發的車站。長途巴士比較單純，找對車站就找得到車。但搭乘鐵路運輸時就算找對車站，還需要注意許多事，例如發車月台或停靠月台常常會更換，有時告示牌還來不急更新，只有站務人員以當地語文廣播；不同車次不同目的地的車會掛在一起，同時出發可增加運量，但目的地可不同，可能在中間的某個車站就分開。車廂位置也不好找，因為列車種類太多，通常只是畫大致停靠區域，幾號到幾號車廂在哪一區；不像我們的台鐵或高鐵，可以在月台直接畫出哪節車廂停靠哪裡，歐洲列車有時車頭車尾方向會反過來，而來不及更新資訊；包含德國的高鐵 ICE、法國高鐵 TGV 都是如此，要隨時注意最新資訊或聽站務人員廣播，那聽不懂當地語文怎麼辦，就只能注意看其他乘客的動作。有預訂座位班次的，可以拿票核對車次車廂，如果是使用歐鐵通行證，而搭乘不需訂位的班次，那更得隨時注意！

克服了車站問題，準時找到了上車的月台，問題還在後頭，將行李從月台拉上車也是另一個魔王級挑戰。歐洲鐵路系統中包含許多快速鐵路、高速鐵路等，多數列車出入口與月台間都有 2 至 3 階的高度落差，像我們的台鐵一樣；要設法將行李拉上列車是個挑戰，行李越大越難處理，列車上放置行李的空間也不大，多人合作拉上去是最好的方法。搭乘船舶也會有類似的問題，港口的碼頭衆多，找對碼頭後，也得將行李透過不適合大件行李的舷梯拉上船隻。

歐洲人很習慣這件事，連通往機場的列車也是如此，像維也納中央車站往國際機場路線，還是以傳統的列車運行，得拉行李爬個幾階才能進入車廂，車上也沒有行李置放空間。當然許多城市新開通的機場快線，在設計之初就已考慮到相關問題，列車與月台高度一致，車站也有電梯、電扶梯等設施，方便旅客攜帶大件行李搭乘。

總之，因為帶大行李搭乘陸上運輸並不方便，因此有許多人會選擇搭乘發達的歐洲內陸航空，機場設施就完善多了。機票種類、票價很多元，可以依據自己攜帶行李的多寡，選擇最適合自己的機票，安排託運或手提上機。空運網絡密集，幾乎各主要城市間都有對飛，航線多在申根國家區域內，也不需要通關等程序，只是機場常不在市中心區，候機前也需經過安檢等，會多花點許多時間。

總之，到歐洲旅行，得優先考慮攜帶行李的狀況，我自己第一次到歐洲自助時，就只攜帶一件可以背起來有輪子的登機箱，加上隨身包包，這樣比較適合搭乘各種大衆運輸旅行，隨著行李越帶越多，只能選擇搭飛機，或盡量減少搭乘大衆運輸的次數，改以租車自駕取代，善用大衆運輸的方便性同時，也得考慮自己的行李狀況及體力，才能安排出最恰當的交通方式。

第三章 飲食用餐篇

左上 德國國王湖上湖區 Obersee, Konigssee
右上 奧地利聖沃夫崗湖 Wolfangsee
右下 義大利科莫湖 Lago di Como
左下 匈牙利布達佩斯多瑙河 Donau, Budapest

1.歐洲用餐服務不一樣，先問飲料再問餐

歐洲服務習慣不一樣並不是歧視亞洲人
先點飲料再點餐跟著歐洲習慣用餐更順利
飲品利潤高服務生愛推薦

義大利佛羅倫斯 Firenze 餐廳

西班牙塞維亞 Sevilla 餐廳

大家在多數歐洲國家旅遊時應該常會遇到這種情況，服務生帶領入座後送上菜單及飲料單後，根本還沒時間看完菜單，服務生就不停的過來問要喝什麼，要點些什麼，感覺好像在催促著我們這些老外快點點餐；在歐洲我們才是老外，如果一直沒有給回答，服務生的眼神及態度就越來越怪，常常還帶有有些不耐煩的感覺。

這並不是對我們黃種人有特別的眼光，更不是歧視！只是歐洲人習慣跟我們不同，他們坐下來後都會先點一杯餐前飲料。服務生們習慣這樣模式，如果我們沒有先點飲料，加上得花點時間研究一下菜單，服

務生們自然會有不知該如何應對的感覺。

多數服務生引領入座後，只是要知道你想先喝什麼，坐下來先點杯紅白酒、香檳（氣泡酒）、啤酒、果汁、蘇打、氣泡水或瓶裝水等餐前飲品，幾乎已經是歐洲人的習慣，大家沒看錯，瓶裝水也是飲料，之後再來分享。點了餐前飲品後，這時服務生詢問的步調就會慢下來，或等你主動招呼才會過來，會慢慢等著大家邊喝餐前飲料邊看菜單，這時候就是看菜單的好時機，另一個角度來說，點了飲料後你已經是餐廳的顧客，服務生的第一步服務也完成了，所以這時愛怎麼看菜單就怎麼看菜單。

那如果是跟著旅行團也是如此嗎？確實是，旅行團用餐時也一樣，服務生會在上團體餐先詢問大家要喝什麼，通常如果是歐美團或日本團，當團餐沒有含飲料或不喜歡附餐飲料時，多數人會另點喜歡的飲料，但台灣團比較特別，當團體餐不含飲料時，多數團員並不太會另點飲料。依據我自己觀察，應該是很多家庭並沒有用餐前先喝飲料或搭佐餐飲品的習慣，自然也不會特別點杯餐前飲品。這時雖然是團體用餐，服務生還是會有不知如何應對的表情，當然如果是到以接待類似台灣團習慣為主的餐廳，或者是以接待各國觀光客為主的餐廳，就會習慣些，也能體會飲料（酒）單及菜單都是需要點時間好好看一下！

另外，在歐洲，多數餐廳的飲品收益是員工分獎金的重要依據，而且飲料的利潤較餐點來的高，這點跟台灣許多餐廳等很相似，當然服務生都會很熱情的推薦飲料。那為何旅行團不乾脆每餐都含飲品就好，這時又涉及每個人喜歡的不一樣，飲品價差挺大的，因此成本不容易控管。所以一般團體在餐廳只有搭配佐餐酒或佐餐水的套餐，才會含餐前或佐餐飲品，當然如果是高價團，是指真的很高價的團喔，不是自己覺得高價的團，這又是另一段可以分享的事；就會以較高價的飲品價格來算進團費之中，一般團體多數只會在說明資料上寫道，在米其林等級或各地推薦餐廳用餐，點餐前或佐餐飲品是一種習慣及用餐禮貌之類的話，請團員在這類餐廳用餐時能自費加點，其實這建議的意思已經是在委婉地告訴大家歐洲人的用餐習慣了。

簡單說，歐洲人習慣進餐廳後會先點餐前飲料，再來看菜單來點餐，在小餐館用餐時常常這杯飲品會一直喝到用餐結束，如果服務生看到飲料喝完了，也會熱情地詢問還要在喝點什麼。而在比較正式的餐廳用餐，除餐前飲料外，前菜、主餐、甜點不同階段，都會搭配不同的飲品，高級餐廳還會有專業侍酒師提供最佳佐餐飲料建議，餐前喝杯香檳、氣泡酒或蘇打，前菜及餐中搭配紅白酒或啤酒，甜點搭配波特酒、雪莉酒或貴腐酒等，餐後再來杯利口酒或威士忌，最後可能來杯咖啡或茶，這是才算是完整的一餐。還真的跟我們的習慣不同，但偶爾體驗一下也不錯，每餐這樣喝，還真的不習慣。

總之，各家餐廳服務生當然習慣先詢問顧客想喝什麼，而各地區內的飲品種類也大多很類似，所以多數顧客用餐前心理都已經有個底：包含孩子們從小跟著父母一起，也習慣進餐廳後會先看飲料，當然很快就可以選到自己想喝的飲料，或者直接詢問服務生推薦什麼，店家推薦的精選紅白酒、啤酒等，顧客滿意度通常很高！

瑞士琉森 Luzern 湖畔餐廳

這些看似異樣的眼光只是個誤會，真的只是生活習慣不同，小易自己常在歐洲各國餐廳用餐，多數情況下，一入座，先點杯飲料，服務生的態度及眼光，就會跟對其他顧客一樣。他們有時只是不知如何應對不同飲食文化差異的顧客而已，大家不要太介意，既然到國外旅遊，那到羅馬就當個羅馬人，到歐洲就體驗當個歐洲人，點飲料搭餐食吧！！

德國萊比錫 Leipzig 地窖餐廳

德國嘉密許 Garmish 餐廳

瑞士伯恩 Bern 市政廳地窖餐廳

2.歐洲用餐不一定點冷飲，餐桌水是自來水

點水點茶也可以有杯飲料吃飯順
熱飲冷飲都可點純看個人喜好
餐桌佐餐水可能需付費仔細看菜單
北歐寒冷國家用餐常常搭熱飲
瓶裝水比較貴餐桌水較便宜喝水常常要付費
餐桌水來源就是自來水適不適合生飲看國家

那在餐廳用餐一定要點飲料嗎？基本上多數人都會點，那難道不能喝水就好，大家心裡多少會有這疑惑，當然可以點水！水也是一種佐餐飲料。也有很多歐洲人會點瓶裝水當餐前或佐餐飲料，只想喝水，那可以點一般水或氣泡水，通常兩者的價格差不多。但如果不愛喝冰冰涼涼的飲料，那可以點溫熱水、熱咖啡或熱茶嗎？答案是點咖啡或茶也可以！但點溫水或熱水的很少見！倒是幾乎沒有人什麼都不點。

法國加爾 Gard 水道橋

西班牙塞哥維亞 Segovia 水道橋

餐前是可以點熱飲的，像我老婆並不愛喝冰涼的飲品，特別是秋冬之際，我跟她一起在歐洲用餐時，就常幫她先點杯熱茶，雖然跟多數當地人習慣不同，但餐廳服務生都會笑嘻嘻地幫我們準備；他們只會覺得我們愛喝熱的飲品而已，這種季節來杯溫熱飲，特別是如果坐在戶外，挺不錯的。

那熱水呢？這點當地服務生就不知如何應對，首先如果要收費的話，通常會，價格跟咖啡及茶差不多；因為他們的熱水，幾乎都是由咖啡機煮出來的，所耗的人力資源跟一杯茶或咖啡差不多，通常不會有人這麼點。帶團時有團友想喝熱水時，通常我會幫他們點一杯茶，請服務生茶包另外放，這樣服務生較能理解，如果單點熱水，他們常常一頭霧水，喝溫熱水這又是另一個有趣的事，歐洲人除了生病，一般不太喝溫熱水，這另外再來分享！

餐廳有些會提供餐桌水（Table water），並不是每家餐廳都有，有些只提供瓶裝水，像法國、西班牙、葡萄牙等多數國家餐桌水不用另外付費，通常如果有點其他飲品或點餐時，詢問服務生後都會免費提供。但像德國等地，餐桌水就需要另外付費，價格會比瓶裝水便宜一些，有時也可以點到經過氣泡水機的氣泡水，其實餐桌水就是自來水；餐桌水中的氣泡水，也是自來水直接打出來的，歐洲的自來水基本上都符合生飲標準，可是如果到東歐或東南歐等地，通常還是建議點瓶裝水，這些地區的水常只是差不多符合標準。

水屬於飲料的一種，有些餐廳還提供不同產區、品牌的瓶裝水，味道真的不一樣，通常餐廳裡都會有瓶裝氣泡水、瓶裝一般水、餐桌水等可以選擇；在愛喝氣泡水的德國等國家，有些餐廳還可以點到整壺的氣泡水，各種水的價格不太一樣，純看個人喜好。

很多朋友不太習慣餐廳點水要付費，其實仔細想想，水在台灣也不是佐餐的必須飲料，從小到大，還挺少邊吃飯邊喝水的，小時候吃飯配水搞不好還會被長輩唸。中式餐廳、熱炒店也不會提供水，當然有些會有熱茶；但多數台灣的西式餐廳卻已經很習慣提供飲用水，也有付費的瓶裝水，有些餐廳則會提供付費的無限暢飲或以瓶計價的高級瓶裝水，部分餐廳也已經不把提供飲用水當成必然的服務，只提供付費的水或飲料。

那可以不點飲料嗎？當然也有部分人用餐不習慣搭配飲料，所以其實也不一定要點飲料，只是這畢竟是少數；多數歐洲人已經習慣進餐廳用餐一定會點杯餐前飲料，有時用餐時還會點其他的佐餐飲料，歐洲當地人因為經濟不景氣等因素，確實也出現全家大小出門，可能只點了幾杯全家分享；熟識的德國著名風景區餐廳老闆就曾跟我抱怨過，他們自己德國人全家 4 個人，就只點 2 杯飲料 1 份餐，完全不像德國人的風格。而且這樣的家庭不是個案，特別是在歐洲風景區，已經跟以往不論大人、小孩每個人一杯飲料一個餐不一樣，他們很認真的說台灣旅行團體雖然常不點飲料，但至少每人都會點一份餐。

當然也有不少人也會在餐後點熱茶或熱咖啡，像北歐等高緯度國家的餐廳，因平均氣溫偏低，有些餐廳只要用餐就會提供不須另外付費的熱茶或熱咖啡，讓顧客暖一下身體。其實想想在台灣的餐廳，很多西式餐廳會以套餐的形式，希望客人點佐餐飲料，有些只提供瓶裝水或瓶裝氣泡水的餐廳會以人頭計算水資，就算沒有套餐，也發現越來越多的家庭在外用餐時會加點杯飲料佐餐；港式飲茶點茶常需要另外付茶資，部分中式餐廳會提供免費熱茶，部分茶、水要付費，這樣看來其實我們也有類似的習慣，只是有些不同。

奧地利哈修塔特 Hallstatt

西班牙巴塞隆納 Barcelona 餐廳

進餐廳先點瓶水、開胃酒、飲料，是一般情況下歐洲人的日常，所以不點飲料時，服務生們自然會覺得很奇怪，就會出現「關注」的眼神。其實只是習慣不同而已，如果不想喝冰涼飲料，也可以點個水或熱茶、熱咖啡！下次進歐洲的餐廳用餐，就入境隨俗，不管喜歡熱飲或冷飲，總之，先點杯飲品吧！！

匈牙利布達佩斯 Budapest 餐廳

3.歐式麵包不只沾橄欖油，種類多吃法各不同

麵包歷史悠久變化多
麵包種類多吃法大不同
橄欖油加酒醋並不適合所有歐洲麵包
跟著當地人方式吃更美味

歐洲的麵包種類真的挺多的，而且都很好吃，歐式麵包絕不是只有沾橄欖油加酒醋才正統，也非所有橄欖油都適合麵包。歐洲有白麵包、布里歐麵包、黑麥麵包、雜糧麵包、鹼水麵包等各式各樣的類型，麵包是歐洲人的主食之一，三餐幾乎都會有麵包，但各地的吃法不太相同。發展了萬年的飲食文化，已經結合各地特色變化萬千，除了直接吃，還可以塗奶油、抹果醬、夾起士或搭配各式沾醬及食物，歐洲麵包有很多各式各樣的吃法，等著大家來品嚐！

右上、右下 歐洲各式麵包

據信人類在距今一萬多年前

西亞地區就開始種植麥子，也會用磨過的麥子即「麵粉」，加水攪拌後烤熟食用，被稱為麵包，但其實是種「烤餅」。後來傳到各地，傳聞由摩西帶到埃及後，有次做「烤餅」的奴隸在和麵粉時睡著了，醒來麵糰發酵膨脹，當作沒事放入烤爐烤熟後，烤出蓬鬆的麵包，麵包因此誕生。西元前 3000 年已有純熟的發酵麵包技術，那時麵包就跟現在麵包很像，之後傳到歐洲，成為歐洲主食之一！

在歐洲每餐幾乎都會有麵包，不只一次被問到這個問題，為什麼沒有小碟子裝橄欖油及紅酒醋來沾麵包吃呢？其實這只是歐洲部分地區，像義大利等地的吃法之一。原來台灣的西式餐廳有一陣子流行在麵包旁附上橄欖油，並加入陳年的紅酒醋，來搭配麵包，說是最地道的歐式麵包吃法；很多朋友才誤以為這是歐式麵包正宗吃法，但隨著各類型歐式餐廳進駐台灣後，許多餐廳會提供特製的松露奶油醬或特調的鵝肝醬等來提供顧客搭配麵包食用，口味很多元，這可都是歐洲的享用麵包的方式。

各地的吃法還真的不同，塗抹奶油、起士奶油或果醬，是最基本的吃法，也會拿來沾湯品一起吃，或加入各種料理成為食材的一部分，例如大家熟悉的洋蔥湯、凱薩沙拉都可以發現麵包的蹤跡，幾乎歐洲各地都會這麼吃，但習慣吃的麵包種類不同，很多地方也有屬於自己風味的吃法。

白麵包、布里歐麵包、黑麥麵包的歷史悠久，白麵包約略是古埃及時間開始流傳，以小麥、酵母、奶油製成，布里歐麵包則約為古羅馬時期，透過加入更多的奶油，並加雞蛋，使麵包呈現外酥內軟的口感；富裕人士及貴族會吃得更細緻，很類似蛋糕，中世紀也會當成下午茶的點心，但是屬於有錢人的專利，一般平民幾乎沒有機會品嚐。大家熟悉的吐司有點介於布里歐及白麵包間，關於布里歐麵包 Brioche 有個插曲，18 世紀法國大革命前民不聊生，傳聞中法王路易 16 的王后瑪麗在大臣反映人民沒有麵包可吃時，說出「沒麵包就吃布里歐」的一席話，跟晉惠帝「何不食肉糜」挺像的，當然備受各界抨擊；因為就平民而言，連麵包都沒得吃，怎麼有機會吃的到貴族的布里歐，間接導致了革命。另外黑麥麵包盛行於北歐及中東歐地區，據說是日耳曼人發明，在小麥稀少的地區，以麵粉加入黑（裸）麥及其他雜糧類等製成。

來分享幾個國家的麵包文化，先來看法國人怎麼吃，大家一定想，當然是法國麵包，可是大家不知道的是法國麵包並不是法國人發明的；而是因為法國人幾乎只吃白麵包，最愛吃的這種幾乎沒有油質、外硬內軟的麵包，所以我們會稱呼這類的白麵包為「法國麵包」。最常見到的法式長棍麵包 Bauguette，這種以 400 度高溫烘製的麵包最早可是 19 世紀中期從維也納麵包坊傳出來的，並非法國土生土長，但後來所有這類麵包都被稱為法國麵包；剛開始不是那麼細長，傳聞是到法國後，因 1920 年法律規定麵包師不能在早上 4 點之前工作，為了縮短製程，讓大家一早買的到麵包，就把麵包變成細長型。現在法國也有相關法規規定的標準長棍麵包直徑是 5 至 6 公分，長度不限，許多人直接拿來吃，法國人會說越嚼越有味道，小易自己也挺愛的，在法國住的時候，一早也會買一條慢慢吃吃到中午，當地人也從側邊切開，夾入洋蔥、生菜、火腿等，當早餐或午餐來享用。

另外法國人也愛吃可頌 Croissant，可頌、葡萄丹麥（可頌）、巧克力丹麥（可頌）等，這些也是法式早餐常見的代表，可頌也可以直接吃、抹果醬或夾入各種食材一起吃，有趣的可頌也不是法國人發明的，最早的可頌也是維也納的麵包師傅發明的。約 17 世紀末，鄂圖曼土耳其人入侵維也納，在挖地道攻城時，被早起的麵包師傅發現，後來成功阻擋他們入侵，師傅們依據鄂圖曼土耳其新月的旗幟符號做了一種加入奶油層層摺疊的彎月形麵包，大家吃掉時就像滅了敵人一樣的開心。而 Croissant 這字就是彎月的意思，18、19 世紀時傳到丹麥，被稱為維也納麵包，丹麥師傅加了更多奶油、疊更

各式可頌 Croissant

北歐黑麥麵包

德國扭結麵包 Breze

西班牙 Tapas

丹麥 Open Sandwich

匈牙利布達佩斯 Budapest 中央市場

多次加以變化後，就變成我們熟知丹麥麵包或丹麥可頌，就是現在的可頌，再傳到法國，變成他們的最愛。

那西班牙人怎麼吃，他們也愛白麵包，但喜歡在麵包上抹上一種番茄蒜頭醬，有點像清爽版的西班牙番茄醬（索夫利特醬）Sofrito。各家有自己的調製方式，基本上是切的很碎的番茄與橄欖油及鹽、胡椒等攪拌後，再加入磨碎的蒜頭，口味挺特別的。也有一種吃法，是直接將切片白麵包，或者類似吐司的厚片麵包烤過後，表面會變得有點粗糙，然後拿切成一半的番茄、蒜頭把麵包直接當研磨器般的摩碎後食用，小易自己覺得還挺特別的，他們的鄰居葡萄牙人也類似吃法。當地漁產較豐富也有畜牧業，所以很多地方會抹上鮪魚醬、沙丁魚醬及伊比利豬肉醬等各種醬料來吃。

義大利人除了會抹上各式肝醬、魚醬、肉醬外，也會加上切碎的新鮮番茄，淋上橄欖油後一起吃，也會加上百搭的義大利巴薩米克醋 Aceto Balsamico。這是一種煮沸的葡萄汁經長期收汁及釀製而成的黑醋，因盛產橄欖油及各種酒醋，所以也會以麵包直接沾橄欖油加陳年酒醋或巴薩米克醋的油醋醬來食用，很多人都吃過，真的很美味，高級初榨橄欖油新鮮豐富青澀的味道加上酸酸甜甜的酒醋或巴薩米克醋，把白麵包的麥味帶出來，是單純簡單的好滋味。

北歐及中東歐地區因不盛產麥子，但黑麥（裸麥）、雜糧類產量豐富，所以麵包會加入許多的黑麥、蕎麥及雜糧等，這類以黑麥及麵粉製作的麵包，顏色較深，被稱為黑麥麵包、裸麥麵包或黑麵包。據說是由日耳曼人所發明，由現今的德國、奧地利、丹麥等地發展出來，克服了缺乏小麥及大麥的問題，麵包發酵後會帶有微酸的味道，也被稱為酸麵包；獨特的酸味很適合搭配肉類及油脂，所以除了最基本抹奶油、起士、起士奶油及果醬、巧克力醬的吃法，也會抹上豬肝、牛肝、雞肝、鴨肝等各種肝醬 Lebewurst，高級點的會抹上鵝肝醬來食用；搭配含豐富油質的鮭魚、肉類也很對味，所以也會看到搭配或夾著香腸、牛排及燻鮭魚、蝦子等海鮮的簡單料理方式，喜歡這種口味的人會很喜歡，帶著特殊的微酸口感，常讓人一口接一口。

盛產高級食材鵝肝、松露、魚子醬的地區，就發展出更美味、更奢華的吃法。在切片的麵包上放上鵝肝醬、松露醬或魚子醬，透過麵包帶出食材的特色風味，當然昔日的貴族美食，現在是所有人都可享用的。

德國、奧地利、瑞士等日耳曼人主要居住的地區幾乎可以被稱是麵包的家鄉，雖不是發源地，但發展出數千種麵包。他們早上也會吃小圓麵包 Brotchen，以較精緻的麵粉製作，也有全麥、黑麥口味，其實也會有白麵包，有時會在二次發酵時加點南瓜子、葵花子、白芝麻、罌粟子等，小小的，容易烤熟，方便攜帶，可以即時補充營養囉。午晚餐會吃切片麵包，也會搭配各種食材一起吃，而瑞士著名的起士火鍋，則將麵包沾加熱的起士來吃，風味獨特，在寒冷的地區還可以快速補充熱量！倒是這區域沒有產橄欖油，雖產葡萄酒，但因為品種不同，並不是各種酒醋或黑醋的主要產地，所以並不常見麵包沾橄欖油等來吃的文化。

另外日耳曼地區還有一種特別的德國扭結麵包，被稱為蝴蝶餅或鹹味麵包、鹼水麵包 Breze，小易自己很愛吃，很有嚼勁，有滿滿的麥香，也被稱德國鹼麵包。這像蝴蝶結形狀加鹽的麵包，據說跟教會及修道院的修士們有關，說法很多，有代表祈禱時雙臂交叉的意思，也有說是源自歐洲早期住民凱爾特人神話裡的故事；12 世紀起這符號也是德國南部烘培師工會的符號，傳說現代成為鹼（水）麵包，是因 13 世紀時有個麵包店小學徒不小心將鹼水當成糖水刷在麵包上烘烤，意外的大受好評而傳了出去，德國人不只直接吃，也會在上面放片起士一起烤來吃，口味也很多！

一不小心就有那麼多麵包的歷史跟吃法，原來麵包有那麼多故事跟學問，可以搭配奶油、起士、果醬或抹魚醬、肝醬來吃，也可沾湯、沾起士鍋、沾橄欖油、沾油醋，夾蔬菜、海鮮或肉類，麵包有數千種，吃法很多元！

總之歐式麵包真的很好吃，每個地方都有不同的吃法，當然如果有自己想要吃的方式，只要有類似的配料，那就愛怎麼吃就怎麼吃。但像地中海區很多酒醋其實比較適合拌沙拉或做菜，沾麵包來吃味道並不合適；帶酸味的黑麥麵包也比較適合有油脂的肉類、鮭魚、奶油、起士。總之就隨各地特色享用麵包，也可以自己創造新吃法，別特別堅持一定要怎麼吃，也許會找到新喜好！

奧地利維也納 Wien 中央咖啡館

西班牙馬德里
Mercado de San Miguel, Madrid

西班牙巴塞隆納
Mercado de la Boqueria, bercelona

匈牙利布達佩斯 Budapest 中央市場

4.歐洲餐飲規範嚴，餐廳嚴禁外食或自帶飲品

餐廳禁帶外食很正常
飲食安全有規範餐廳必須負全責
餐廳接受外食或飲料被檢舉可能遭停業
餐廳點飲品價格很合理不允許自帶飲料

說起來在台灣，多數的餐廳也不希望或不允許自帶外食進餐廳食用，有少數的夜市小吃或路邊攤並不介意，餐廳是商家的營業場所，座位跟服務是專供他們顧客們使用，在餐廳裡食用外食，增加像是垃圾的清潔等服務成本，有時也可能因此讓候位的顧客等更久，如果餐廳不是那麼繁忙時影響就較少，當然基於禮貌，不在餐廳內外食是對餐廳基本的尊重。

瑞士蒙投 Montreux 餐廳

匈牙利布達佩斯 Budapest 餐廳

匈牙利布達佩斯 Budapest 餐廳蘋果鵝肝

當然相互尊重很重要，但是歐洲餐廳不允許外

食，並不只是因「尊重」這件因素，更重要的是因為餐飲衛生！特別是歐盟國家的餐廳，受到嚴格的食品衛生安全規範；在餐廳用餐，如果因食物或環境導致用餐者出現任何問題，須負起高額的罰款、賠償等，並可能因此停業，影響的是餐廳及所有員工的生計。只要在該餐廳用餐，餐廳就有義務確保餐飲的衛生安全，換言之餐廳是為了確保用餐者的飲食衛生與安全，因而不允許任何外食或私用任何非餐廳提供的調味料及配料等，這是餐廳為了保護自己及用餐的顧客，所以歐洲的餐廳嚴禁外食！

那為什麼也不能像台灣一樣付開瓶費或服務費後，飲用自帶的酒類或飲品之類的？其實主因也是一樣，餐廳無法也不願對自帶的酒類或飲品負責；所以就算想要付開瓶費，餐廳當然也不願意承擔這些風險，因此幾乎會拒絕提供顧客這類的服務；德國的中式餐廳老闆曾經跟小易分享，就算餐廳願意承擔衛生疑慮，但只要有其他用餐顧客向衛生部門檢舉反應，餐廳一樣會遭受處分，甚至停業，所以餐廳當然不願意增加額外的營運風險。

而且歐洲餐廳的酒類及飲料通常價格很親民，只比超市貴一點點，畢竟餐廳提供相關服務，餐廳所挑選的特選餐酒，不論紅、白酒或者各式啤酒，通常也很搭自己餐廳的料理！

所以在歐洲餐廳用餐時，要記得不要攜帶外食、各式飲品或者自帶調味配料，他們不是不通人情或沒有彈性，只是在保障所有用餐顧客的飲食衛生安全！

5.歐洲餐點特別鹹，多加鹽巴顯示重視賓客不小氣

餐點多加鹽代表對客人很重視
外食習慣口味重居家飲食較清淡
愛鹹愛甜看個人用餐口味大家都不同
放寬心品嚐美食體驗在地文化
台灣外食口味也很重各地調味有差異

各國各地區都有不同的飲食風味，在歐洲用餐時，總是會被問到「為什麼餐點那麼鹹」，確實感覺上歐洲許多餐廳提供的餐點挺高比例是偏鹹，但並不是因為鹽的價格很低喔，反而在以前，鹽非常昂貴，那既然鹽那麼貴，為何餐廳的餐點都加那麼多鹽，據說以前貴族或富裕人家宴請賓客時，如果餐點味道太清淡，客人們都會覺得主人家小氣，捨不得加昂貴的鹽。

因此在宴客時的宴席料理，都會加入較多的鹽，以顯示主人的好客與貴氣，餐館也紛而傚尤，加入足夠的鹽才有物超所值的感覺，於是，餐點就變得較鹹，另一因素是有些區域，像是阿爾卑斯山區及北歐地區，因生鮮食品較難保存或運送路途較遠，會透過鹽來醃製來保存製作食物，久而久之就習慣吃的比較鹹！其實歐洲人在家裡用餐時也不會加那麼多鹽，倒是在外頭餐館時會習慣吃的較鹹，有時跟當地友人同桌用餐，我已經覺得餐點偏鹹，他們還要撒很多鹽才覺得夠味！當然有些餐廳也開始以食物的原味作為訴求，只使用少量的調味品來提升食材的味道，這類的餐廳口味就不會屬於偏鹹的那種類型。

鹽雖說是生活必需品，但曾經非常昂貴，也曾被當成貨幣或薪資使用，不僅珍貴且產量不多，這時大家一定很好奇，歐洲不是三面環海，怎麼鹽的產量那麼少，在中世紀科技不發達的年代，海水提煉出鹽，如果靠日曬，需要大量的人力，成本不低，加上歐洲海域周邊多數缺乏日照，只能以人工將海水炒成鹽，所費不貲，或者從阿爾卑斯山古老鹽脈中挖掘岩鹽，從這些因造山運動而隆起的於內陸山脈中採鹽，成本也非常高喔，奧地利名城市薩爾斯堡 Salzburg，原名的意譯是「鹽堡」，位於鹽礦礦脈區的交通樞紐，成為附近哈施塔特 Hallstatt、貝希特斯加登 Berchtesgade 等鹽礦的集散地，而義大利威尼斯 Venezia 等濱海城市也因鹽的交易、販售而致富，政治、藝術、音樂等也得以發展。

奧地利薩爾斯堡 Salzburg

奧地利哈修塔特 Hallstat

奧地利哈修塔特 Hallstat

奧地利維也納 Naschmarkt, Wien

其實不只西方世界裡鹽很重要，我們的歷史或武俠小說也常有「得鹽幫者得天下」的說法，鹽幫掌握鹽的製作、運送、販售，鹽價等同於金，且為民生必需品，掌握了控制鹽的鹽幫，等於掌握了天下的經濟命脈及民眾生活需求，由此就可以知道鹽的重要性。

仔細想想，光我們的家鄉台灣，各地區也都有不同的口味，記得因工作因素，曾經在台南待過一段時間，那兒的口味是偏甜的，剛吃起來挺不習慣的，很多在地的朋友都覺得沒有甜味就不是好吃的餐點，而剛好台南也是產糖的地方，當地也有這種說法，因為糖是很珍貴的產品，為了顯示當地人的富裕與好客，當然所有的餐點都會加入糖；而且越甜代表越重視客人！挺有趣的，跟歐洲地區餐點偏鹹原因類似！

當然喜不喜歡重鹹或重甜，可就因人、地而異，另外記得小時候聽過童謠有一段歌詞「阿公愛吃甜、阿媽愛吃鹹……」，只能說南北、區域飲食習慣不一樣，每個人口味也不同。餐點是文化的重要表現之一，到了當地就融入當地，試試最道地的料理，體會不同的文化！

義大利威尼斯 Ponte di Rialto, Venice

奧地利薩爾斯堡 Salzburg

6.歐洲人吃內臟，料理方式各有特色

歐美人不吃內臟是誤解
歐洲各國都有著名內臟料理
愛不愛吃內臟料理看個人
內臟料理有特色善用蔬菜香料調美味

歐美人不是不吃內臟，怎麼在歐洲的餐廳會有內臟的料理，難道是專門做給我們吃的，當然不是，而是當地人常吃的料理！

不吃內臟這說法不知道是從哪裡傳出來的，我自己小時候好像也這麼聽說。所以在歐洲旅行或用餐時，看到有內臟的料理出現，許多人都會有這樣的疑惑？其實歐洲很多美食都是內臟料理，著名的法國及中歐的鵝（鴨）肝、西班牙馬德里燉牛肚、義大利佛羅倫斯的牛肚包等都是內臟料理；葡萄牙也常見到燉煮雞胗作為前菜或下酒菜，也有各式各樣以豬血、牛血、內臟製作而成的血腸或血布丁料理；蘇格蘭名菜哈吉斯 Haggis（肉餡羊雜），就是以內臟製成。

原來歐洲有那麼多內臟料理，主要的拉丁民族、日耳曼民族等都有料理內臟的飲食文化；而美洲是各民族的熔爐，吸納各種飲食文化，所以也有內臟料理，只是各有所好，並不是每個人都吃，特別是有許多美國人從小沒有吃內臟料理的經驗，久而久之就不太願意品嚐！也許因為我們以前的世界觀中，美國人就是外國人的代表，猜想可能是因為很多美國人不吃內臟，於是才誤認所有的歐美人都不吃內臟！

歐洲人雖然常食用內臟，但並不是每個人都愛，常常有歐洲朋友故意在餐廳點內臟料理，上菜後問小易敢不敢吃，說很多人不敢吃，我就跟他們說我們台灣人幾乎都敢吃內臟。有歐洲朋友來台灣，通常一定會帶他們去吃著名的「麻辣鍋」，有大腸、牛肚、鴨血等，有些歐洲朋友說敢吃沒問題，有些只會象徵性吃幾口，有些吃得很開心，喜好還真的不同。

歐洲的內臟料理中，常見的是以燉煮的方式，或是作為類似香腸料理的餡料，簡單說以香料燉煮或醃製等來處理內臟食材的比例偏高，應該是藉此去除多餘的氣味。

在介紹幾樣特別的歐洲內臟料理之前，來分享一下歐洲人食用內臟料理的背景，一是在珍惜食材的原則下，肉品中所有可食用的部位都要作最有效的利用；另一則是在肉類的價格不斐，社會中的工人、農人等中低階層，沒辦法常常購買肉類來食用，而內臟價格相對便宜，雖然料理食材的香料很貴，但廚師透過燉煮過肉品的燉料來燉煮內臟，就可以煮出美味的內臟料理！歐洲內臟料理，跟我們一樣，會加入酒，以及大蒜、胡椒、月桂葉、百里香等香料去除不必要的味道；只是歐洲人家的主要是葡萄酒、蘋果酒之類當地的酒，也會加入洋蔥、胡蘿蔔等蔬菜調整味道，感覺真的跟我們好很相似，東西方飲食文化還真的有很多相同點。

順便來介紹幾道著名的歐洲內臟料理囉！首先介紹法國鵝肝 Foie gras，雖然被稱為鵝肝，但可並不一定單指鵝的肝，是泛指鵝&鴨的肝，透過乾煎或蒸煮等方式料理，可以作為主餐、前菜，如蘋果

西班牙馬德里 Madrid 王宮

義大利佛羅倫斯 Firenze 老橋

義大利佛羅倫斯 Firenze 中央市場
牛肚包 Lampredotto 專賣店

鵝肝就十分美味，或搭配牛排食用，如鵝肝佐菲力，中歐地區如匈牙利等都是鵝肝的產地！

牛肚料理可就更多了，像是西班牙馬德里料理「燉牛肚」Callos a la madrileña、義大利佛羅倫斯街邊料理「牛肚包」Lampredotto、義大利的「米蘭牛肚」Busecca、法國的「里昂鑲牛肚」（又被稱為「工兵圍裙」）Tablier de sapeur、法國諾曼地「卡昂燉牛肚」Les Tripes à la mode de Caen、葡萄牙料理「波多燉牛肚」Tripas à moda do Porto 等，多數都加入大量的胡蘿蔔、大蒜、洋蔥及胡椒、鹽、月桂葉等蔬菜、香料一起燉煮而成的料理。

牛雜、羊雜及豬雜類的料理也不少，像法國的「里昂腸包肚」L' Andouillette 是豬腸、豬肚等食材製作的豬下水香腸，基本上是將豬大腸、豬肚和其它豬內臟剁碎，搭配上各種香料，最後一起塞進腸衣；西班牙也有「萊昂腸包肚」Botillo，在豬肚裡塞進豬肋骨、豬尾及各種帶肉的骨頭，用鹽、大蒜、胡椒和其它香料調味，再以橡木進行煙燻，這 2 種腸包肚的吃法，多數以類似料理香腸的方式煎熟食用。另外西班牙亞拉岡地區也會將大米、羊肉末、大蒜、洋蔥、胡椒等食材塞進羊肚或羊腸，作成傳統的「羊肚包飯」chiretas de aragon，可以煮熟或切片炸熟後當主餐或前菜。德國「法爾茲豬肚香腸」Pfälzer Saumagen、蘇格蘭名菜「哈吉斯」Haggis 也都是著名的內臟料理。

下次到歐洲看到內臟料理，就點來吃吃，以往的庶民料理，現在可是各地美食，依據自己品嚐過的心得，真的有很多很美味喔，但總是有一些不一定合口味，但一定得試試，這些可都是當地特色料理！

葡萄牙里斯本
Torre de Belem, Lisbon

葡萄牙孔因布拉 Coimbra
烤乳豬

葡萄牙布拉加 Braga 餐廳
燉雞胗

7.歐洲血料理很著名，東西方吃法不一樣

歐洲血料理很普遍

尊重食材不浪費廚師巧工成美味

東西料理發展很相似異曲同工值得品嚐

在歐洲各地常常會看到黑色的香腸或類似的黑紅色食物，在英國更是傳統早餐必吃的佳餚，其實這可是擁有千年以上歷史的「血腸」，是流傳於歐洲各地的「血料理」。每次當大家知道時，總是出現驚訝的神情，原來歐洲也吃血做成的料理，但這料理方式跟我們常吃的鴨血、豬血或豬血糕不太一樣，歐洲人主要是把牛血、羊血、豬血或雞血，加上內臟、碎肉、香料等灌入豬腸或牛腸，直接烹煮或風乾後煮來吃。

我們的飲食文化中也有「血腸」，東北的滿族、蒙古族、藏族等都有類似的食材，朝鮮族及現代的韓國人，也愛吃「血腸」，台灣原住民族排灣族、魯凱族中「血腸」也是尊貴的料理，也有很多民族將這些料理用來敬神或招待貴客的。

說起將動物的血入菜的歷史起源就很難考據，但會發現東西方、各地傳統部族都有類似的飲食文化出現，以「血腸」來說，魏晉南北朝就有相關紀載，實際歷史應該更久遠；距今 4 千年以上的蘇美人已有料理「血腸」的紀錄，包含「血腸」在內的各種香（肉）腸也是希臘人、羅馬人重要食物，隨著羅馬傳到歐洲各地，這可是歷史悠久的食材。也就是說「血腸」的歷史跟香腸差不多。當然也有一種說法，現代歐洲人的「血腸」是摩爾人（柏柏爾阿拉伯人的其

中一支）8 世紀時從伊比利半島進入歐洲後，再次帶入歐洲本土的。其實翻開西方歷史，這些文化相互交融了數千年，飲食文化當然也跟著相互交流積累，呈現各種不同風味也挺正常的，誰傳給誰就不是那麼重要。

隨著飲食文化的傳遞歐洲各地也出現不同類型的「血料理」，但主要以「血腸」為主，羅馬時期是宴席料理，一度成為庶民日常料理，跟內臟料理類似，因為沒法餐餐吃肉，成為普通百姓獲取蛋白質的主要來源，有一說因為 16 世紀英國亨利八世愛吃「黑布丁」，屬於「血腸」的一種，據說是 13 世紀法國廚師 Boudin 發明的，於是「血料理」再度成為餐桌上的重要佳餚。

歐洲各地的「血腸」有不同名字，製作方式也不同，有義大利托斯卡尼 Biroldo、法國 Boudin noir、德國 Blutwurst、西班牙 Morcilla、葡萄牙 Morcella、瑞典 Blodkorv 與 Blodpudding、英國 Black pudding 及芬蘭 Mustamakkar 等，基本上被稱為「黑腸」、「血腸」、「黑布丁」、「血布丁」。

最常見的吃法的烤熟或煎熟後，切片食用；也有像是法式「阿爾薩斯酸菜鍋」（Choucroute d’Alsace）的吃法，放入各種香腸、醃肉及酸菜以白葡萄酒燉煮後食用，有點類似東北「酸菜白肉血腸鍋」的作法；或是直接將各種香腸與豬腳、豬耳朵、內臟類等一起燉煮來吃，除了偏鹹了一點，很美味的，其實挺符合我們的口味！

歐洲除了「血腸」，波蘭人也會將鴨血或豬血直接與香料、果乾、醋混合後做甜血湯（czarnina）來吃。義大利人則將豬血加巧克力、柑橘、肉桂拌煮在一起成為甜血腸（sanguinaccio）。法國人的紅酒燉雞（cop au vin）也加入生血。

右上、右中、右下 歐洲各種香腸與血腸

仔細觀察，原來歐洲人的飲食文化跟我們還挺像的，但有趣的是，他們常常對我的的滷鴨血、豬血湯及豬血糕有很多疑惑，可能我們「血料理」的呈現方式比較直接，跟他們不一樣，可以看到一整塊的鴨血與豬血。歐洲料理中，會透過香料及加入其他食材，或是將血當成烹煮過程的一種調料，也會透過風乾等方法，讓「血料理」展現

德國香腸

德國烤豬

西班牙卡斯蒂亞湯

西班牙哥多華 Cordoba 餐廳中庭

不同的風味，如果不特別強調，通常看不出有加入「血」；料理手法有點類似豬血糕的加強版，而不會像我們一樣，展現食物的原形。

到歐洲各地可以看到各式各樣黑、紅色的香腸，這些就是著名的的「血腸」，其中食材各有千秋，也可以發現各種特色「血料理」，烹調處理方法各有不同，對我們來說，各種以血入菜的料理方式，接受度應該很高，有機會大家就可以試著品嚐看看他們的口味跟我們有什麼相似，或有什麼不一樣！

8.飲食禁忌要說清楚，素食類型多，龍蝦不是蝦

飲食禁忌說清楚避免引發過敏或違反戒律
西方素食不一樣食用海鮮很普遍
東方素食總類多表達清楚避禁忌
旅遊在外有彈性符合信仰且開心
帝王蟹不是螃蟹龍蝦不是蝦
食材遠親近親分清楚避免過敏源

旅遊在外，多數會選擇在餐廳用餐，當有飲食禁忌，不論是過敏或者宗教戒律，一定要讓詳細的餐廳知道。畢竟在國外遇到過敏的狀況很麻煩，如果不是在緊急醫療發達的市區時，相對於在台灣是非常危險的。特別當因為過敏因素不能吃某些食物時，得十分小心，加上歐洲國家食物類型不盡然跟我們一樣，連「吃素」的概念也不同，所以一定要說的非常清楚。就來分享一下「歐洲的素食」，另外同時分享一下跟過敏有關的有趣的話題，「龍蝦不是蝦、帝王蟹不是螃蟹」。

當吃素的朋友到歐洲旅行，應該會常常聽到服務生問吃海鮮或魚可以嗎？或是翻到有海鮮的那頁菜單提供選擇！什麼，都說吃素了，會什麼會介紹海鮮餐，這真的是對素食的定義不一樣。

歐洲主要的信仰中，天主教、東正教，以及基督新教的「聖公宗」（又稱「盎格魯宗」，源自英國國教派）、「循道宗」（又稱「衛斯理宗」，原為盎格魯中的一派）等部分教派，都有週五或宗教節慶不能吃肉類的宗教傳統。到目前仍有許多教徒會在這些日子

不吃肉類，以紀念耶穌受難；每週五為「小齋」，每年也有「大齋節」或稱「四旬節」，這些日子只能素食，而「大齋節」期的時候，每天只能享用一餐正餐，有些教派在聖誕節、復活節等也會有類似的教規。宗教規範中禁止吃肉類，只是細節各有不同，天主教可以吃海鮮類或水產類；東正教則不能吃魚類，可以吃貝類；基督新教中英國國教派也一度為了表明自己與羅馬天主教不一樣，要求信徒在「小齋」等日子不能吃魚，但後來為鼓勵漁業取消這規定。

當然隨著時代演進，歐洲也有一部分人們因為健康因素選擇不吃肉類，被稱為素食主義者，通常都只是不吃肉類，但仍然會透過吃海鮮或水產來補充蛋白質；換句話說就是歐洲的素食主義者，包含宗教或健康因素，多數都是可以吃海鮮或水產類的。說到這，大家應該理解，原來歐洲也有齋戒不吃肉的概念，雖與東方吃齋的想法類似，但不能吃的食物並不太一樣。

當然歐洲也有完全不吃動物製品的「純素食者」Vegan，據信這個字是 1944 年由英國人 Donlad　Watson 提出，將 Vegetarian 這個字重新組合後而成。這類素食主義者認為食用乳製品雖未殺生，卻已經剝削了動物權，所以認為也不該食用乳製品等，成為更嚴格的素食主義概念。但這些素食主義者可以吃所有的植物製品的，也就是可以吃蔥、洋蔥、蒜之類的，跟東方的蛋奶素、五辛素等素食主義者也不盡相同，一般被稱為「東方素食主義者」。所以實務上，歐洲多數人很難分清楚各種素食者之間的差異。

因此在歐洲跟餐廳說吃素時，或請餐廳介紹可供素食主義者享用的餐點時，餐廳侍者第一個想法是歐洲的齋戒或歐洲的素食主義者；所以常常會先介紹各式的海鮮及水產類，通常如再表明也不吃海鮮或水產類後，餐廳會推薦沙拉、麵食類。但對嚴格的「東方素食主義者」而言，其實這些餐點常不合標準。東方的佛教、印度教等所屬的各種不同教派，對於餐飲有許多不同的禁忌，例如有我們熟知不吃蔥、洋蔥、蒜等五辛素，也有可以吃蛋、奶的蛋奶素，或不能吃蛋、奶的全素等各種不同的素食規範。就算跟餐廳完整的說明所有的飲食禁忌，實際上餐廳還是有可能端出的餐點並不符合期待；因為餐點烹飪過程中所用的油、香料、鍋子等，都有可能有動物性製品或沾過動物性製品或含有五辛料（蔥、洋蔥、蒜）的成分；在歐洲常使用的蝦夷

蔥等香料，與蔥、洋蔥等屬於不同，就常會出現在提供素食者食用的餐點中；蝦夷蔥雖與蔥分屬於不同種，但各教派各自有不同解讀。另外餐廳也有可能用了動物性奶油來烹飪食物！

反應比較快的餐廳服務人員會直接詢問「能吃什麼」，也會盡量請廚房排除不能吃的食材，特製專屬的餐點；但畢竟是少數餐廳，一般的餐廳較不願意提供客製化餐點，只能由菜單中選擇最合適的，再去除一些不能吃的食材。當然聰明一點的客人也可以對餐廳的解釋的更詳細一點，例如不吃蔥、蛋、海鮮等之類，他們才能提供比較好的建議！

但這時大家有時會覺得，如果餐廳願意，其實應該不難提供符合東方素食的餐點，例如請餐廳幫忙，將蔬菜加點植物油拌炒一下，或請餐廳準備個蔬菜清炒義大利麵，在有米食的國家，也會想請餐廳準備個蛋炒飯加點蔬菜、蔬菜燉飯等。聽起來很簡單，但實際上因為烹調方式不同、鍋具不同，除了中式餐廳外，通常西式餐廳是做不出來的；他們能端出烘蛋、沙拉、烤蔬菜、蘑菇義大利麵等不在菜單上的餐點，已經算是盡了全力，簡單說，就算給他們食材，他們也做不出這些我們認為很簡單的料理！

「東方素食主義者」在歐洲一般餐館內用餐時，能有的選擇就變的很少，而且還常常出現不如期待的情況。而且因為想法不同，常常也只是把不能吃的食材拿出來而已。就算只是不吃牛肉或羊肉等肉類時，也只是去除這些肉品，不能保證提供的餐點中完全沒有碰觸到這些肉類；有時烹飪的是豬肉，但用的可能是牛骨高湯或牛油為基底的醬汁；而義大利麵或蔬菜燉飯等料理，也很難確定醬料或食材中用的是動物或植物油。

另一方面可以吃蛋、奶，對蔥、洋蔥等沒有禁忌，或是方便素、鍋邊素等素食主義者，就簡單多了，通常在表明不吃肉類、海鮮及水產之後，還有可以有很多選擇。但如果是「東方素食主義者」，也會被稱是「純素食主義者」，在歐洲的餐廳用餐時就需要特別注意很多事，特別是到了蔬菜種類較少，且以根莖類為主的中東歐山區，能夠有的選擇更少。所以有許多吃素的朋友，到歐洲旅行前，會跟神明報告一聲，表明會盡力守齋戒，但因飲食文化習慣不同，向神明說明可能會有沾到葷的情況，畢竟在外旅行時期真的沒法吃那麼「清」，依據目前聽到的，神明通常都會允諾！如果是吃健康素的，可以採取方便素、鍋邊素等方式，選擇蔬菜類的餐點。

那點餐時該怎麼點，如果跟團旅行就別擔心，只要先說清楚不吃的項目，領隊導遊就會去溝通，且通常因為是長期配合的餐廳，較會提供近趨符合需求的餐點。如果是自己前往餐廳，就說明自己是Vegan 或 Pure Vegetarian，這時餐廳並不一定完全理解，所以仍要完全表述飲食禁忌，如不吃肉、不吃海鮮、不吃水產等。然後說明可以或不可以吃蛋、乳製品（起士、乳品），或者不可以吃蔥、洋蔥、蒜之類的，也許餐廳侍者可以從菜單中找出一些適合的美食。另外分享給大家，生長於淡水的魚蝦貝類等水產品，並不等同於海鮮，對他們來說海鮮是海裡的，與河、湖產的當然不一樣。

簡單說，因為歐洲人對素食主義者的概念與東方世界不一樣，所以就會出現想法上的落差，畢竟我們進入到不同的飲食文化區，就只能適應他們，告訴他們飲食禁忌後，請餐廳避開這些食材，看看餐廳能提供那些餐點，有時廚師會變出意外的美味素食料理！

另外分享到底龍蝦是不是蝦、帝王蟹是不是螃蟹？擔任領隊多年來，不論是自己或是領隊朋友們，其實多多少少會遇過這狀況，業務們或行政人員在向我們轉述客人的特殊餐食時，會出現「不能吃蝦，可以吃龍蝦；不能吃蟹，可以吃帝王蟹；不能吃貝類、魚類，但可以吃蝦」等各式各樣的情況，如果遇到這樣的需求，行政人員們常不知道怎麼跟我們開口，但其實有這種過敏情況是真的，並不是刻意這麼說。

我們常常誤以為龍蝦是蝦、帝王蟹是蟹，其實並不全然正確，蝦、龍蝦、蟹（螃蟹）、帝王蟹，雖然都屬於十足目，但分屬不同的「科」，其中多數也屬於不同的「亞目」，聽起來好難。依據生物分類，概略來說區分為「界、門、綱、目、科、屬、種」，各分類下還會有「亞、下」等次分類，如目之下還有亞目、下目，種之下還有亞種等。

簡單的說我們人類、人猿、猩猩、猴子、狐猴等都屬於「靈長目」，但我們跟猩猩、人猿的親屬關係比較近，有 9 成 5 以上 DNA 的相似度，都屬於「人科」，但猴子、狐猴等就跟我們不同「科」。說更簡單些，就是近親跟遠親差別。蝦子中的泰國蝦、北極蝦與螃蟹的親屬關係比較近，卻與其他明蝦、草蝦等關係遠很多，龍蝦與蝦子，以及螃蟹與帝王蟹的親屬關係都很遠，帝王蟹與

挪威峽灣區

螃蟹、蝦子、龍蝦的關係也很遠。我們熟悉的波士頓龍蝦，也跟龍蝦分屬不同科。換句話說，他們本來就不一樣，當然也屬於不同的過敏源，所以另一個角度能吃蝦不一定可以吃龍蝦，能吃蟹也不一定能吃帝王蟹，能吃龍蝦也不一定可以吃螃蟹或帝王蟹之類的。

我們在聚餐問大家有沒有不能吃的食物時，也常常有朋友這樣說，以前都當開完笑，但後來我們都會再次確認是不是認真回答的。因為這狀況是真實存在的，我也有朋友因為常過敏，就自己到醫院檢測過敏源，一查出來對近百種食物過敏，最後只能選擇隨身攜帶各式各樣的抗過敏藥物，要不然根本沒辦法在外面吃飯！

總之，不能吃蝦，但可以吃龍蝦，不能吃蟹，可以吃帝王蟹等，都是真的！下次聽到有朋友這麼說，大家可能就會跟我一樣會很慎重地再確認一次！

挪威精靈之路 Trollstigen

9.食物熟度認定不一樣，合格餐廳飲食有保障

食物熟度認知標準不一樣

七分熟以上算全熟廚師依據食材來調整

高級食材別擔心街邊料理要注意

歐盟食品衛生有保障合格餐廳沒問題

魚沒有熟耶，豬肉也帶有粉紅色，鴨肉、雞肉也是粉紅粉紅的，感覺都沒有熟，又不是牛肉或蔬菜，為什麼都沒有熟？大家到歐洲的餐廳用餐，特別是越高級的餐廳，像是「米其林」或「星級」推薦餐廳，常常餐點一端上來就在內心出現吶喊，或者直接喊出來；當服務生過來確認後，會說這是廚師特別為這食材所選擇最美味的時刻，而且已經熟了，這到底怎麼回事，明明就沒熟，難道看錯了嗎，是有什麼誤解？

其實大家都對，服務生或廚師也沒錯，以多數歐洲人的標準來說，已經是熟了，但以我們對食物熟度的標準來說，真的還沒熟，歐洲廚師烹飪時，除了燉煮類的餐點，像是燉牛肉或豬肉之類的，會煮到熟透了，一般煎或燒烤來說，當食材烹飪的熟度到 7 分左右就算是熟的。特別是對新鮮的食材來說，超過了就會破壞食物的味道，所以在強調提供新鮮食材的高級餐廳，在很多料理方式中，所烹調出來的餐點都大概是我們的 7 分左右；魚貝海鮮類有時會更生，差不多是 5 分！！廚師們及當地人認為，這才是就能展現出食材味道的熟度，而且食材經過一定溫度及時間的烹煮，就足以消滅會影響健康的生菌等，特別是新鮮食材過度的烹煮後喪失食物的營

養及美味，因此只要到一定程度就算是熟。而且依據專家的說法，肉類烹煮達 74℃時，雖然是粉紅色，真的已經是熟的！當然如果是燉煮及部分燒烤類，因為要讓各種食材融合，熟度就會提高！

我們總會覺得像魚、海鮮要嘛就吃生的，要嘛就吃熟的，當端上桌的魚貝海鮮，出現有點熟又還沒熟的 5 分熟，還真的挺不習慣的，豬、鹿、雞鴨等肉類料理呈現粉紅色的 7 分熟時，對我們來說真的是有點怪怪的。如果是牛肉，或是吃橡木果實長大的伊比利豬，不只在歐洲，在各國的餐廳中，也常以 7 分或 5 分的方式料理，大家都很能接受及品嚐這樣的料理熟度；但對其他食材就不較不能接受。歐盟對餐廳的飲食衛生有很嚴格的規定，只要不合規定或出現衛生安全案件時，輕則罰款、賠償，並暫停營業，重則直接吊銷營業許可。因此在歐盟的餐廳用餐，基本上不需要太擔心。

生食、熟食及不同熟度的餐點都是不同的美食！在台灣，生魚片或生食海鮮也都大家很熟悉的餐點。炙燒生魚片或海鮮也常常呈現外熟內生的不同滋味，原住民料理中有醃製生肉，日本也有生食的馬肉沙西米，歐洲則有韃韃牛肉及義式生牛肉，各地也有不同的生食文化。在熟食部分，當然因烹飪方式、餐點特色而各有不同，大家對餐點熟度有不同喜好，熟食料理中也會有不同的呈現！

所以下次到歐洲用餐時，合法營業的餐廳所推出來的料理，特別是一定等級以上餐廳呈現感覺好像沒有全熟的餐點，不需要擔心，除了偶爾的例外情況，其實多數都是沒有問題，可以安心享用，如果願意的話，請放心嚐嚐廚師的精心製作的美味餐點！

10.歐洲用餐小費多數看心意，部分直接要求付

歐洲各地小費習慣不一樣

被告知餐費不含小費時應給予小費

用餐留小費是禮儀也是文化習俗

小費付多少依據各地約定俗成現金刷卡都可以

歐洲少數國家用餐帳單已明列服務或 COVER 費不一定需另付小費

在歐洲餐廳用完餐該付小費嗎？那該付多少才不失禮？不只觀光客覺得很困惑，連常在歐洲餐廳用餐的我們或當地人有時也很困惑。必須先說，並不是在所有歐洲國家餐廳用完餐後都一定需要付小費，不同國家、地區或不同類型的餐廳，都有不同的習慣。歐洲餐廳通常不會像我們台灣一樣加收固定比例的「服務費」，也不會像美國一樣，帳單上常常會標示依據不同的滿意程度或時段該付多少小費。就算是在有習慣付小費的地方，付多少小費才是適當的，也有各種不同的說法，感覺上真的很令人困惑，但基本上，確實在歐洲用餐時，顧客付小費是對餐廳服務生服務的肯定，是種禮儀，也是種習慣。

義大利聖吉米尼亞諾 San Gimignano

克羅埃西亞哈瓦爾島 Hvar

大致上在歐洲餐廳用餐，多數餐廳並不會加收服務費，所以大部分的顧客除了餐費外，會多給服務小費。有些餐廳會把所有人的小費彙整起來，依比例分配給內外場的所有服務人員，所以給任何服務生都一樣，舉個例子，我在一些熟悉的西班牙餐廳用餐時，會直接在結帳時將小費交給經理或領班，他們就會所有周邊的服務生說「Cliff 給大家的小費，記得謝謝 Cliff」，然後放在固定的地方，定期分給大家。也有些餐廳是以分區服務為原則，各區的服務生收到的小費屬於個人，例如德國、瑞士、奧地利等地通常都是如此，需要結帳、需要服務，都會有固定的服務生；有時找不到專屬的服務生，會跟任一個服務生說需要服務，他們就會幫忙請那區域的專屬服務生過來服務，當然給小費時，就是給這位專屬服務生。

那麼，該怎麼付小費呢？先來分享簡單的部分，在需要到結帳櫃台付帳的餐廳，通常都在櫃台設有小費箱，就依據個人的決定投下

比利時根特 Gent 運河

小費，通常是找零錢後的小面額硬幣。如果是桌邊結帳的餐廳，就直接將小費交給服務生即可。可以付現金、零錢，部分餐廳可以以信用卡支付。

在幾乎使用塑膠貨幣的北歐，該怎麼處理，其實因為北歐各國至今通常仍使用自己的貨幣，並不是用歐元，但與歐元區交流密切，加上無紙化、無鈔化的習慣已經養成，連換錢的地方都不容易找到；所以幾乎大小餐館、咖啡廳，以及路邊的餐車，都可以使用塑膠貨幣或各種無紙化支付方式；已經沒有留下零錢當小費的機會及習慣。另外物價也比歐洲其他國家高，加上北歐基本薪資很高，包含歐洲各國造訪北歐的觀光客在內，會給小費的比例就不高。當然到較高級或者服務很好的餐廳，就可以在信用卡刷卡機上輸入想給的小費金額，或在簽單上 Tip 部分直接寫上小費金額，別擔心不會輸入，服務生會很熱情的一步一步帶著操作！

其他國家的餐廳，則各有不同，經歷 2008/2009 金融危機後，小費付的金額明顯減少。較年輕一輩多數已是留下部分零錢當小費，而稍為「資深」一點的顧客，或較有「社會地位」的群體，還是有付 10%以上餐費當小費的習慣。一般的情況下，如果要付小費，付餐費的 5%至 10%是洽當的，當地年輕人有些付更少，但觀光客通常會給 5%左右，當然在較高級的餐廳可能以 10%為基準，詳細的比例還是得區分不同的國家來說。

在德國、瑞士、法國、荷蘭、比利時、西班牙、葡萄牙等中西歐及西南歐國家，餐廳服務生的薪資以當地而言有一定的水準，所以到多數餐廳用餐，如果覺得服務還可以，大致上有留下零錢當小費就可以，但這零錢通常也會是餐費的 5%左右，但並沒有硬性規範，也沒有約定俗成的慣例。

換言之，除非餐廳特別表示不含服務小費，要不然不付小費是沒問題的。但是多數顧客都至少會留下一點小費，當然如果服務還不錯，餐點也好吃，概略來說顧客大致上會付餐費的5%至 10%間，那可以不付嗎？就跟前面說的一樣，當服務生或菜單上有特別說明餐費不含小費，那基本上應該要付至少 5%小費，如果沒有，也可以不另外給，認為餐費已經包含服務費用其實並沒有錯。特別是如果遇到服務不佳的情況，在多數國家不付小費都是可以被接受的，倒是服務好或不好又是個見仁見智的問題，歐洲的服務方式畢竟跟我們不太一樣，只是歐洲人已經習慣付小費這件事，特別是中產階級以上的族群，付小費已經成為在外用餐或喝杯飲品的一部分！

在歐洲，5 歐元以上是紙鈔，所以一餐飯下來，小費通常不會付到紙鈔，有些餐廳會特別強調他們的餐費是不含服務小費的，像小易自己因工作關係常去的慕尼黑皇家啤酒廠的啤酒花園，他們的服務生都會直接告知餐費不含服務小費，希望能獲得 10%的小費，其實這樣也挺好的，不需要煩惱要付多少；奧地利、德國很多餐廳也是如此。另外像是義大利、希臘等地，他們已經習慣收一定比例的小費，所以通常大家都會付 10%。而法國、荷蘭等地餐廳標價，通常已經將服務小費算在價格中，服務一般的情況下，通常只有部分熟客或觀光客會留下一點零錢當作額外小費！

2020 至 2022 年新冠疫情 COVID-19 擴及全球，無接觸付費盛行，也影響歐洲付小費的習慣與方式，疫情後，小易自己走了幾趟歐洲觀察到有一些變化。像是義大利，以往只有部分餐廳會收取所謂的 Cover 費，也被稱「人頭費」，就是直接對用餐的每個人收 1 至 3 歐元不等的服務費用，義大利官方說法是提供服務、麵包、桌水、醬料、刀叉的費用。對顧客的好處是，就不一定要像以前一樣非得付 10%小費，而疫情後幾乎所有餐廳都直接收取這筆費用，當然用完餐時如果服務很好時，還是有部分人會再多付小費，只是觀察下來，因收了這費用，付小費的比例降低很多。

德國、奧地利等雖然還是有許多人喜歡用現金付款，但幾乎所有餐廳都可以刷卡消費，這時小費怎麼辦？別擔心，服務生在結帳時多數會先表示餐費不含小費，希望顧客能給予小費，當然可以直接在刷卡機上輸入金額或以現金付小費；多數用餐的客人，會依用餐的金額決定付的小費，通常直接加 1 歐元、2 歐元或更多，差不多維持在餐費的 5%至 10%間。

荷蘭庫肯霍夫 Keukenhof 花園

比利時布魯塞爾 Brussel 鬆餅咖啡廳

法國餐廳刷卡付費比例提高更多，一般小餐館用餐客人付小費的比例變少了，據說是因為餐費已經漲了很多次，當然服務的好，會多付個 1 歐或 2 歐小費的客人仍然不少。

比較特別的是匈牙利，以布達佩斯為例，因疫情及烏俄戰爭，物價節節高升，不僅漲價，當地餐廳現在改變額外收取小費的習慣，也直接在餐費外加 15%服務費，這時多數用餐客人就不會再付額外的小費，除非服務及餐點真的非常好。

總之，用餐付小費已經是歐洲文化的一部分，有點類似我們習慣的服務費，就想成是服務小費就簡單了，不管付多付少，都是對服務人員工作表現的肯定，當他們要找零錢時，告訴他們留下零錢當小費，或刷卡時多輸入小費部分，通常都能感受到服務生們以開心的微笑來表達感謝！

德國羅騰堡
Rothenburg ob der Tauber

德國不來梅 Bremen

德國哈默爾恩 Hameln

11.歐洲人不常喝溫熱水，水不會特別煮沸喝

歐洲人很少喝溫熱水

生病才喝溫熱水與東方習慣大不同

部分歐洲人樂於接受東方喝溫熱水養生文化

餐廳溫熱水可能需付費

大家在歐洲旅遊時，應該常常找不到溫熱水喝，發現找熱水很困難，如果仔細觀察，應該會發現歐洲人不太喝溫水、熱水或開水（煮沸過的水），且連美洲、紐澳等由歐洲延伸出去的西方文化區都是如此。大概除了因為要喝咖啡或熱茶等熱飲外，基本上用不到熱水，而且所有的水都是直接生飲，也不會特別煮沸後放涼（我們所謂的開水）再來飲用的習慣；主因是東西方在飲用水的發展歷程中出現了不同的路線，可能自帶煮水壺及保溫杯，或者付費購買溫熱水，是簡單的解決方法，但對於我們來說，真的不太一樣。

在餐廳用餐時，如果請服務生提供熱水要飲用時，服務生通常會給予額外的關心，會認為是身體不舒服或生病。就算是高級飯店，煮水壺也不一定是必要的設備，特別是南歐地區，其實這原因是因為歐洲人不喝溫熱水或開水的，那至於為什麼，說穿了只是因為沒有喝溫熱水的習慣！

那為何不喝呢？原因是在茶及咖啡普及前，多數人不會將水加熱來喝，只知道熱湯這事，據說在歐洲人的生活歷史上，並不會特別喝煮沸過的水，也不需要喝煮沸過的水，早期的人們可以從河邊、溪邊或透過羅馬時期所留下來高超的城市供水系統可以直接取得乾

淨的飲用水來飲用，因為多數水源來自阿爾卑斯山系純淨的冰河水、天然的湧泉或較上游的河（溪）水等；基本上可以直接飲用不會有任何問題，而因為水沒有味道，所以除了解渴外，他們並不會特別拿來當成日常飲品飲用。

但中世紀後期因為水源被污染，特別是工業革命後污染更嚴重，水源已不像以往乾淨，常出現因喝水導致生病的情況。於是人們就不敢喝水，那口渴時怎麼辦，當時人們就改以喝酒來解渴，藉著喝啤酒、葡萄酒、萊姆酒等來解決因不喝水而口渴的問題。其中最普遍的是啤酒，也不會或沒想到特別透過煮沸水或蒸餾等步驟來取得乾淨的水，有一種說法是說當時或許根本不知道可以透過煮沸水或蒸餾水來殺菌或消毒。也因為不知道或不需要，因此當水源乾淨時，當然不需要處理，而不乾淨時就改喝酒，所以一直也沒有喝熱水或開水的習慣，只有在喝湯或之後喝茶、咖啡時，才會喝熱的！

也因為如此，保障飲用水的衛生成為各國政府公共安全部門的重要任務。羅馬時期起就知道建立供水系統到各主要城鎮，並以生物監測法確保各地飲用水衛生，例如在供水系統的管道養烏龜、魚等監測水質，水源被污染時可以及時通知大家；相關部門也發展各種方式來設法確保飲用水的安全衛生，於是創造出厲害的水源取用、輸水管道建置等自來水設備。一直到現在，歐洲各地，特別是中西歐地區的自來水，幾乎都符合生飲標準，某些東南歐或東歐等國家的水有時雖號稱可生飲，但我們外國人還是別嘗試的好！

那為何後來沒有持續像工業革命時期一樣索性就不喝水改喝酒，

德國慕尼黑 Munchen 市政廳

德國慕尼黑 Munchen 皇家啤酒廠

德國海德堡 Heidelerg

德國慕尼黑啤酒節
Oktoberfest, Munchen

德國慕尼黑啤酒節
Oktoberfest, Munchen

德國慕尼黑啤酒節
Oktoberfest, Munchen

德國慕尼黑啤酒節
Oktoberfest, Munchen

畢竟只喝酒並不健康，大家都醉醺醺地生活也不正常，政府為民眾健康及維持生產力，還是回歸透過改善水質，建立完整基礎供水設施，來提供民眾安全衛生的飲用水。

大航海時代後，茶、咖啡、巧克力傳入歐洲，歐洲人因此開始喝

左上 德國國王湖 Konigssee 上湖
右上、右中 德國國王湖聖巴爾多祿茂教堂
St. Bartholomew's Church, konigssee
左下、右下 德國國王湖 konigssee

熱的飲品，但仍然不會單獨喝熱水，只有在身體不舒服或生病時，偶爾才會喝熱水！飯店、餐廳等因為要提供熱的茶、咖啡、巧克力等，才有了煮水的設備，一直到現在，這些煮水設備主要都不是為了提供溫熱水來喝，而是來沖茶、沖咖啡等。有些飯店也會在房間提供煮咖啡機或煮水壺等設備，但像在西南歐等，習慣將喝茶、咖啡當成社交的一部分，會在咖啡廳、餐廳喝，不會在房間飲用，就不會成為飯店房間內必要的設備！

總之，歐洲人不愛喝溫熱水，且既然自來水就可以生飲的，且符合嚴格的安全標準，就不會刻意將水煮沸。但近年因為華人旅客增加，常接待台灣等華人團體的飯店或餐廳也漸漸習慣提供溫熱水，有趣的是，當跟當地朋友分享喝溫熱水養身及可維持年輕的華人智慧後，很多當地朋友也會跟著喝熱水！

在餐廳請服務生提供溫熱水時，有時需要額外付費，有些餐廳不會要求付費，但也該付些小費感謝服務生，因為餐廳通常是以商用義式咖啡機煮出熱水來，等於必須另外花時間暫停煮咖啡或沖茶的動作來提供熱水，程序與沖茶一樣，也不會有專用的煮水壺。不像在台灣的飯店、餐廳、高速公路休息站等各地，通常都會有很大台的煮水機或冷熱水雙用飲水機，畢竟文化及習慣不同。

下次到歐洲可以觀察一下，歐洲人除了咖啡、茶，很少喝熱飲，很少有人會喝溫熱水；另外也可看看，是不是會喝溫熱水及拿保溫瓶的基本上都是來自台灣等華人地區！

12.團體餐設計不一樣，預留特定座位很正常

團體餐設計不一樣與單點價格不相同
團體套餐經濟實惠菜色固定無法依據個人需求客製更改
飲食禁忌詳細說明避免誤觸過敏源

這疑惑並不是在歐洲區特有的，但卻是很多參加團體行程的朋友會常提出的問題，加上歐洲地區以西式個人套餐方式供應為主，特別常有疑惑。其實答案很簡單，只是通常不好說出口，雖然團體餐在多數餐廳品質跟單點的相同餐點大致相同，但真的就是比較便宜！同樣的餐點，價格比一般單點用餐客人低，有很多餐廳也會依據人數推出不同價位、不同主食的團體套餐；這樣的團體套餐通常經濟實惠，餐廳也會挑選當令、符合地區特色、適合大量同時製作的菜色，類似每日精選套餐的概念，通常都是特別餐點，跟一般菜單上單點菜色不一定相同。

團體用餐時，餐廳常先上多數人的餐點；完成製作後，同一批廚師才會再製作團體中特殊餐食部分。歐洲廚師薪資挺高的，每家餐廳的廚師數量並不多，所以特殊餐食就會比較晚才上桌。另外不能自己點餐，這是因為餐費預算（餐標）的限制。團體人數多，且都會需要預定，當然會預先安排在同一區的座位，方便保留及上菜，畢竟餐廳也希望其他客人來用餐，也就不會讓團體客自己選位置。

歐洲有些特色餐點，人數不夠還沒機會點，像西班牙、葡萄牙的烤乳豬，或是地中海區的海鮮大拼盤等，就很適合團體享用；餐廳也會為團體準備可以體驗在地飲食文化的餐食。

西班牙塞哥維亞 Segovia 烤乳豬

葡萄牙納札雷 Nazare 餐廳

團體餐用餐人數較多，且一般會是三道式或四道式的完整套餐，廚師們在製作餐點時，要考慮既要同時上菜，也要兼顧品質，以維持餐廳的名聲，當然更要考慮團體的餐費；願意提供團體用餐的餐廳，就會以類似每日精選套餐的概念準備，挑選前菜、甜點或飲品。有些套餐會跟台灣一樣會有附餐飲料，有些提供餐酒，有些則是咖啡或茶，也藉調整前菜、配菜、甜點的份量與種類，供應適當價位的團體餐。但也因為大量準備與製作，不會提供太多的選項，當然會考慮團體客中會有飲食禁忌或過敏體質，願意更換相同價位的部分餐點；當限制條件越多，換句話說就是不能吃得越多，可選擇性更少，有時餐廳也願意多支出一些，直接問可以吃什麼，但也不是每間餐廳都有提供各類飲食。

例如在山區，以肉食為主，也鮮少蔬菜，如果不吃肉類，希望吃海鮮或魚類，那難度很高，因為餐廳根本沒有相關食材，也沒有廚師會料理，當然也不會為了偶爾出現的客人特別進不易取得的食材。如果是素食主義者，蛋奶素還有乳酪（乳製品）、蛋類可以選擇；純粹素食基本上就只會有醃製生菜、麵食；就算有些盛產蔬菜的地方，餐廳也只會提供生菜沙拉，部分地區可能會有烤蔬菜，因為廚師只會做這些菜。

很多台灣的朋友不吃牛或羊，也有各種素食者或穆斯林朋友參團，因為團體餐餐費固定，遇到團體顧客有特殊餐需求時，餐廳只

瑞士阿雷奇冰河 Aletsch Glacier

能依據現有食材料理，避開不能吃或可能引起過敏的部分。也不可能準備專門提供嚴格東方素食者要求的鍋子或爐具，甚至因烹調習慣，不吃牛或羊肉，卻可能以牛或羊油烹飪，不吃海鮮，會提供河魚，認知上河魚並不是海鮮，所以如同前幾篇分享，如果跟團或自己旅遊需要點餐，一定要說清楚所有的禁忌及過敏源，雖不能提供如願的美食，但至少確保沒問題，但如果是個人喜好或屬於較寬鬆的宗教認定，就別多想太多，盡量避免就好。

同餐廳的團體餐跟單點餐質感有時感覺不一樣，這確實常發生，一則是團體餐有不一樣的設計，另一則是廚師大量製作餐點，又希望同時出餐，所以安排的菜色不同，擺盤方式也會不一樣。雖然大部分情況團體餐的品質都沒有問題，與單點菜色相當；團餐雖經過特別設計，但畢竟大量烹調時，有時還真的很難控制品質，特別是西式餐，多是一份一份呈現，不太會有合菜分享類型，簡單說大鍋菜跟小鍋菜精緻度還是不一樣。小易自己就有不少經驗，曾經帶團在知名的百年餐館享用牛排餐，服務生詢問酒水飲品需求後，很熱情開始問每個人牛排的熟度；我告訴服務生依據經驗團體用餐，簡單區分全熟及主廚推薦熟度就好，服務生強調廚師說沒問題，可以依據每個人的需求提供熟度；還好有先跟大家說明團體製作的熟度一定會有落差，可餐廳希望提供最好的服務，熟度大家參考就好，果然辛苦幫每個人點了不同熟度的牛排後，上餐時，熟度完全不對，同時烹調數十份牛排，熟度真的很難控制，團餐還是不太容易依據每個人需求來客製化。

團體用餐，餐廳都會預先安排好座位，也依據團餐內容或為了方便快速服務擺設適切的餐具；可能杯子及刀叉數量不同，餐巾或桌巾材質不同，如前面所說，既要方便服務，也要留座位給其他用餐顧客，所以參團顧客通常沒辦法自己選喜歡的位子；加上團體有後續行程，有時也不一定有時間可以另外付費點餐。有些餐廳還會有團體用餐區的設計，部分飯店的早餐餐廳也會有預留團體座位或設計團體用餐區，甚至有些飯店販售房間搭配早餐的套裝商品時，還會區分「簡式團體自助早餐」及「完整自助早餐」，訂餐時可以選擇，售價並不相同。

參加團體的朋友們，可能會覺得有差別待遇，其實是選擇的商品不同，團費中所包含的餐費部分，通常比餐廳內單點菜單上的價格低些。餐廳通常不會有刻意對團體或個別顧客有差別待遇，有些餐廳老闆在聊天時告訴我，最近幾年許多單點顧客點的餐點客單價不一定比團體高，所以常常純粹只是為了預留座位與方便服務，才安排特定區域供團體用餐使用。

總之團體餐與個別顧客用餐時的菜單、餐點本來就不一定相同，但品質一定是相當的，如果參加團體旅遊，在餐廳享用團體餐時，發現菜色與單點的顧客不同，換個角度思考，這些是幫團體特製的，座位也特別預留；同時也因為參加團體行程，所以可以比其他人以更經濟實惠的價格享用更高等級餐廳提供的餐點，這樣就會開心點，別負面思考，就可以用好心情的享用不同的美食。

第四章 飯店住宿篇

左上 德國海德堡
Heidelberg
右上 希臘聖托里尼伊亞
Oia, Santorini
左下 瑞士琉森卡貝爾橋
Kapellbrucke, luzern

1.山區北歐飯店房間小好保暖，簡單設備易維修

寒冷地區飯店房間小暖房效果好
設備簡單易維修克服環境障礙
傳統設備最穩定避免電子化不故障

造訪過北歐，特別是極地地區，或者歐洲阿爾卑斯山區的朋友，常常會發現多數飯店的房間都不大，而且連星級飯店也是如此，這是怎麼回事？如果跟團通常飯店等級都不差，但怎麼房間還是很小，該不會是特別留給旅行團體的？先解答簡單的，房間當然不是特別留給旅行團的，星級飯店的顧客不只是旅行社的團體客，也有許多的散客。專門設計房間留給旅行團，一點都不符合經濟效益，

德國嘉密許 Garmisch 飯店

奧地利聖沃夫岡 St. Wolfgang 飯店

右上 右下 北歐峽灣區飯店

只是旅行團預訂的多是標準房型，通常是飯店內最普遍、價格最實惠的房型，那為何常感覺比較差，這其實是誤解，另外分享。

回過頭來談重點，北歐及阿爾卑斯山區飯店房間偏小、設備簡單，主要原因是氣候，另一原因是距離位置偏遠建材較難取得。以北歐芬蘭北極圈畔的羅凡涅米為例，冬天最低溫約攝氏負 10 度以下，阿爾卑斯山區的瑞士英特拉肯、格林德瓦、策馬特等城鎮，冬天低溫都在是攝氏零度以下，加上山區較濕冷，房間如果太大，暖氣效率不足，無法及時提高室內溫度；所以這些地方的房間設計上都不大，才能提供足夠的暖氣。另外如果設計上又以原木作為建材或室內牆面來控制溫度，那室內看起來就會更小了，最算是星級飯店，設計時也需要考慮到溫度的控制，特別是冬天能維持暖房狀態，因此房間空間通常會比同等級其他區域的飯店來的小！

就實際感受來說，北歐極地或阿爾卑斯山區飯店的房間雖然比較小，這些區域待在房間裡確實會比其他地區飯店感覺來的溫暖，不僅設計上會以確保溫暖為前提，暖房的效果也較好，也透過木材等材料讓室內更溫暖。

那感覺設備比較簡單這件事，其實也沒錯，不只簡單，許多飯店管線會以明管方式的設計，是避免因冬季氣溫低於冰點，管線內的水可能在牆內凍結；溫度改變會出現熱漲冷縮情況，不只容易損壞，最重要的是影響建築安全，外露的明管設計，可以方便檢視及維修，藉由室內溫度控制，讓管線不易爆裂。這些地區交通、維修體系等也沒那麼方便，當然設計上要以安全、穩定為主，因此感覺上設備簡單許多！

為何其他設備也比較簡單，山區、北歐飯店設計概念本來就與一般地區不同，倒是與海島飯店部分相似，星級飯店在公共區域仍有可能有游泳池、健身房、桑拿等。房間內的設施相對簡單，燈光雖然還是會設置雙切或床頭控制，但會屬於傳統式開關，很少現代化設備最多就是空調及電視，較少電腦控制、觸控等燈光電力系統；許多飯店還會選擇使用傳統鑰匙鎖，而不用電子式的感應鎖，原因就在於環境特性，極地地區及山區溫度變化、濕度、降雪、結冰等都可能損及這些設備，在設計時當然會列入考慮。

北歐的極光區內，除了一般飯店外，也會有專門賞極光的玻璃屋，這類特殊飯店房內設備各有不同，雖然與同價位飯店相比，一樣相對比較小，但會有極佳的觀星、賞極光視野；有些房內沒有完整衛浴設備，有些房內不僅有完整衛浴設備，還設有桑拿等設施；多數會有除冰除霧設施，防止玻璃結冰或起霧，這些屬於特殊的房型，價格雖然特別不一樣，但有機會很值得體驗一下！

這類飯店多位在阿爾卑斯山區、湖區及北歐峽灣、極光帶等區域；如果是景觀房，窗外望出去就是壯麗的景緻，就算不是景觀房，一到飯店大廳或走出飯店大門幾步路，也一定美不勝收，所以房內設備雖然簡單，但該有的也都足夠，就別只在意飯店內設施，重要的是戶外有壯麗景緻值得探索，冬天滑雪、追極光，夏天踏青、健行都會是不錯的安排！

2.歐洲飯店星級標準不一樣，電梯冷氣非標配

歐洲星級標準跟我們不一樣
冷氣煮水壺游泳池不是 5 星必要條件
同等級飯店設施服務也不同
以當地標準看當地飯店開心享受最重要

星級飯店在各地區定義不同，設施也不同，歐洲多數國家都是依據歐洲飯店星級聯盟標準，2022 年成員國包含大家熟悉的瑞士、德國、奧地利、丹麥、瑞典等 20 國，其中有 16 個完全會員，以及法國、冰島等 6 個觀察員國。但以法國為例，仍有部分依據自己的標準；西班牙、葡萄牙等不屬於聯盟成員，另有一套自己的國家標準。當然都與我們台灣的標準不一樣，簡單說，各國星級飯店的標準不一定相同，所以別用自己的標準，得以各地的標準來評斷才是恰當！

冰島星級飯店

冰島星級飯店

冰島星級飯店

歐洲飯店星級標準，基本上是依據最早設有相關制度的瑞士，以及有完整檢驗標準的德國 2 套制度衍

德國德勒斯登 Dresden 宮殿飯店

生完備而來，區分 1 至 5 星級，並在每個星等都加設有 superior 等級「優越級」，大致上 1 顆星是 Tourist「觀光客級」、2 顆星為 Standard「標準級」、3 顆星是 Comfort「舒適級」、4 顆星是 First Class「一流等級、一級」，五顆星是 Luxury「奢華級」。2020 年聯盟規範的 2020-2025 標準中，細分 247 項指標，最高分 971 分，610 分為 5 星級，710 分為 5 星 superior 級，定期評鑑，以提供顧客參考，選擇適合的住宿飯店。

而法國從 2009 年起更改飯店星等為 5 星制後，另在 5 星上加設 Distinction Palace「皇宮級、皇家級」飯店；國家旅遊發展署除了聯盟的標準外，另外加入地理位置、歷史興趣、美學、特殊文化遺產、量身打造的服務、健身設施、SPA 設施、多語總服務、禮賓服務等指標，從 5 星級飯店中挑選擁有頂級住宿環境的優質飯店；目前共授予 25 家飯店 Distinction Palace 標誌。

各星級飯店都有必要條件，像是要有一定的乾淨程度，整體印象

西班牙太陽海岸 Costa del Sol 飯店

西班牙太陽海岸 Costa del Sol 飯店

德國羅騰堡

Rothenburg ob der Tauber 飯店

中各星級在特性、家具設備等都要具備一定水準，如 4 星要高品質、一流的舒適度，5 星級要奢華的、最高級的舒適度，其他例如所有星級飯店房間內要有衛浴設備、WIFI 等。5 星級要提供 24 小時櫃台服務，需要設置禮賓服務 Concierge/ Guest relation manager，有每週開 7 天的餐廳；4 星級則只需 16 小時櫃檯，每週開 5 天的餐廳。樓層有超過 3 樓的 4 星級以上飯店要設置電梯，而 5 星飯店房內一定要有保險箱，並規範單人床至少 90x200cm、雙人床至少 180x200cm。評鑑範圍除了必要項目外，多數整體設施像是健身房、會議室、桑拿、SPA，房內設施像是煮水壺、咖啡機、冷氣等都是非必要的項目。

大家沒看錯，許多朋友認為 5 星飯店房內該有的煮水壺、咖啡機、冷氣空調，公共設施部分會有的健身房、游泳池等都不是評鑑的必要項目；櫃台也不一定要 24 小時服務，房間大小、床的大小幾乎也不是評鑑標準；甚至 3 層樓以下的 4 星、5 星飯店不一定要有電梯，只需要設置服務人員可以協助搬運行李。總分 970 分的標準中，得到 670 分以上就可列為 5 星級，國人跟團或自助常住的 3、4 星級分別是 270 分、410 分，換言之，僅 4 星飯店之間就會有 260 分落差，而 5 星級飯店設施、服務等則有 300 分範圍落差，只要這評分區間內都被評定為 4、5 星級飯店，所以雖然是同等級飯店，卻差距很大，所以一樣星級感覺不一樣，這想法挺正常的。

各地區評鑑標準雖然不一樣，但大致上各等級星級都有基本的水準與品質，像聯盟觀察員法國，當地旅遊部門的星級標準中，會將房間大小尺寸列入評比；另外不是聯盟成員的西班牙、葡萄牙，也有自己類似的標準，以星等挑飯店，確實是一個不錯的選項。

但 5 星級飯店設施一定比 4 星級好嗎？這可不能一概而論，有些 4 星級飯店設施很好，但在評鑑標準表中，可能受限腹地大小，提供的設施、服務種類有限，像是餐廳每週無法營運 7 天、缺乏禮賓服務等，就無法列 5 星級；另外也可能因沒有會議空間、運動設施不足等，以致少了得分機會，這些名列 4 星級的飯店，在顧客的感受上，可能比許多 5 星級好。另外例如西、葡兩國的國營旅館，多是歷史建築改建，有從市中心的市政廳改建，也有郊區的修道院改建而成，雖列為 4 星級飯店，但設備往往超越一般 5 星的水準。

所以星級雖是選擇住宿飯店的重要參考指標，但並不是絕對的，也不代表 5 星飯店一定要有游泳池、冷氣、電梯等特定的設施，或者入住 5 星感受一定比 4 星飯店好！

總而言之，在歐洲 5 星級、4 星級飯店都會有一定的水準與品質；自助或跟團時，挑選這類飯店，比較有保障。但因為評鑑標準不同，並不代表設施、奢華度等跟每個人所認定的5星級一樣；5星級中也有細部等級落差，像 5 星 superior 級、法國的皇宮級，都屬於比較奢華的，也有較一般的 5 星。飯店也會公布相關標章，當然這些飯店都會在一定標準以上。現代資訊發達，飯店也多會公開列出有什麼樣的設施，預定前可仔細看看自己在意的部分，至於有沒有到心中標準，端看自己，以及選的或住的是哪種！以當地標準看當地，開心地享受飯店提供的設施、服務最重要！

左上、左中、左下
法國吉維尼 Giverny
莫內花園 Fondation Claude monet

法國戈爾代 Gordes

法國尼斯 Nice

法國安錫 Annecy

法國聖米歇爾山 Mont Saint-Michel

3.團體多預訂飯店標準房，有時會在不同樓層

飯店房型不同價格也不同
旅行團通常預訂最實惠的標準房
飯店標準房設置位置相異
團體房分配依飯店安排較難有選擇

常有朋友問，是不是飯店給團體的房型都特別差，有時還會分布在不同樓層，總覺得容易被安排到不喜歡的位置，這樣說雖然不太對，但換個角度也沒有什麼錯。

葡萄牙里斯本 Lisbon 市郊飯店

克羅埃西亞杜布羅尼克 Dubrovnik 飯店

荷蘭鹿特丹 Rotterdam 方塊屋

首先，房間並沒有比較差，團體訂的都是飯店的標準房型，通常是指沒有特別景觀的標準房。飯店並不會特別為了接待旅行團，設計且預留特別差的房型給旅行團，如同前篇所說，這並不符合飯店經營的經濟效益。標準房要能提供旅行團，也要能提

供散客，才是正常的設計。當整棟樓從一開始設計都是作為飯店使用時，會有多少標準房、景觀房、行政套房等，都是在設計之初就規劃好的；同房型有可能在同一層，也可能安排在不同樓層，如果是商務型飯店則多數會以規劃標準房為主，有些由其他建築改建而成的飯店，就常出現大小不一情況，房型也可能比較多樣。

另外有一種特別的單人商務房，可能沒有對外窗，可能不是標準床，而是真的單人床，或利用畸零空間規劃出的房間，會特別標示販售給單人旅客或作為提供給旅行團的工作人員使用；除非特別訂了這種單人房，或是領隊、導遊、司機，要不然不太會遇到這種房型，也不是每個飯店都有。小易唸書時自己在歐洲各地旅行，就曾在瑞士琉森訂到過這種房型，價格便宜不少，房間就在那個樓層的角落，開始擔任領隊後，如果是較有歷史或房間大小不一的飯店，就常遇到這類房型。

那既然是標準房，那為什麼有時會在不同樓層？這得看飯店的設計，如前面所提，一開始就設計為飯店的建築，房型會較一致。特別是佔地面積較大的飯店，標準房幾乎在同一層樓，裝置房間配備時較簡單，當然這時較有機會大家在同一層樓。細高型的飯店，標準房就會在不同樓層類似位置，例如電梯出口、邊間等，不太容易在同一層樓；也就是如果有 10 間標準房，也有可能分布在 10 個不同層樓！如果是由舊的歷史建築、古堡、貴族宮殿改建而成的飯店，標準房設備雖然相似，但大小通常不一樣，當然會比高等級的房型小一些，分佈更沒有特定規律。

常自己上訂房網站或飯店官網訂房的朋友們，就會發現不同房型有不同價格；有單床房、雙床房、景觀房、行政房、套房等，因配備、景觀、床的大小等而有不同價位。還有許多飯店高樓層全部都是高級房型。離題補充說一下，有些飯店會提供連通房，就是房間中還有一個門通往隔壁房間，提供給朋友、家族一群人出門預訂；但有的是一間大床及一間雙床連通，有些連通的都是大床或雙床。如果是跟團而不是自己訂房，而希望朋友住在鄰近房間，常因為房型限制無法如願，自己訂房提出要求時，飯店通常也會回覆「不保證」，其實多數飯店沒那麼大，走到其他房間並不遠。

房間有房型區分，而旅行團預訂房間，多數是需求標準房型，當然會比飯店中其他房型設備簡單，白話說就是差一些。除了比較多旅行團使用的商務型飯店外，團體房的安排是把被預訂完的房間扣掉後，飯店以房型為主隨意安排；當然有時標準房都沒了，會提供較高級的房型給團體預訂部分，但這些善意升等，反而造成領隊們很大的壓力，這是另一個有趣的主題。

總之，大家的疑惑是真的，但比較的對象有點誤解，如果跟高級、景觀房型比，當然差一點，甚至差很多。景觀最好、位置最好的區域，通常都配置高級的房型，以較高價格販售。標準房的位置相對比較差，這其實挺正常的，但如果跟同飯店的其他標準房比，就發現其實差不多，簡單說，團體房就是被安排飯店中最標準、價格最實惠的房型，也同時是一種「插空位」的概念，所以既然以優惠的價格入住，就好好享受飯店的設施，別想太多！

4.飯店浴室排水慢、出水弱以節約用水

淋浴習慣不一樣設計概念就不同
排水慢淋浴出水慢藉此節省水資源
新飯店設計理念新穎較符合國際旅客喜好

跟亞洲國家比較起來，歐洲國家多數飯店浴室內的淋浴蓮蓬頭水流真的好弱；在台灣電視廣告中常見的強力淋浴水流在歐洲真的比較少見，早期歐洲人淋浴時，喜歡水輕輕灑在身上的感覺，就樣雨滴灑在身上一般，所以他們的蓮蓬頭就依據這樣的概念設計；加上他們認為水流輕比較能節省水，就出現跟我們習慣淋浴時有強而有力的水流不同概念，所以水流就呈現現在這種輕輕的感覺！

比利時布魯日 Brugge

比利時布魯日 Brugge

因為我們喜歡強力淋浴水流，所以我們的蓮蓬頭設計上就不同，甚至還有加壓蓮蓬頭，讓水流更強！還好這幾年多數比較新的飯店有稍稍改變，淋浴設備設計較不會刻意降低出水量！最近台灣也有許多飯

比利時根特 Gent

比利時根特 Gent

店或建案喜歡用義大利、西班牙等歐洲廠牌的淋浴設備，看起來很有設計感，但在使用後，好多朋友就會發現水流好「輕」，不一定能習慣！

比較新穎的歐洲飯店，在浴室的設計上已經有不少改變，較能適應不同國家住客的需求。舉例來說，淋浴龍頭改為可調整式設計，可依據使用者喜好調成花灑或間歇強水柱，浴室的地板也以地磚取代木板或地毯，也有許多飯店僅設置淋浴間，而放棄傳統浴缸，以適應潮流或淋浴習慣改變。

但排水口的排水設計仍然依據節水的概念而來，早期認為使用排水排的慢的排水口，使用者為了怕積水，自然會將水流量調小，進而可以節約用水；因為這樣的想法，所以就設計出慢慢排水的排水口，常待在歐洲的我也真得覺得每次淋浴都被這件事困惱，而且水都會積在淋浴間或浴缸裡，還真的挺麻煩的！另外也有許多舊建築改建而成的飯店，原始排水管線設施沒有那麼完善，不容易或無法全面更新，就只能透過降低排水速度方式克服，總之，排水慢有沒有真的達到節水的效果，這可能得讓專家們去研究研究！

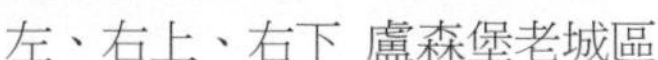

左、右上、右下 盧森堡老城區

5.飯店閣樓房通常等級高，房型特別設備較高檔

閣樓邊間面積大設計成為高級房
飯店房間等級不同景觀不同設施也不同
善意獲升等開心享受用房間
閣樓房間通常等級較高別因誤會而不開心

入住飯店時，當櫃台人員安排升等到比較高等級的房間，應該算是開心的事，但常常看到房間後，多數人是很開心地享受，但有少數人並不會很開心，甚至很想要換房間。其實因為較高等級的房間位置通常在邊間或是在閣樓，並不是每個人都喜歡這類的房間，邊間通常要走比較久，如果是較有歷史的飯店，閣樓房間格局通常比較特別，有些還有斜斜的屋頂；常有朋友問，真的有升等嗎？還是別人不要的房間硬塞給我們？答案是這真的是升等！

飯店大樓的邊間通常採光比較好，在設計時，也會預留較大的空間，作為較高等級的房型，多的空間可能會放置較大的沙發組或辦公桌椅，方便商務人士接待賓客或處理文書資料使用，有時衛浴等設備也會提高一個等級以提高房價。

現代建築中的頂樓也常會作為閣樓房，通常都有最好的視野、景觀，而且有挑高的空間，紐約、倫敦的 Penthouse 可都是當地最高價的房地產。許多飯店大樓也會將高樓層的閣樓房規劃成較高等級的房型，在歐洲常見的斜頂房屋或阿爾卑斯山木屋式建築中，位於頂樓的閣樓房，通常空間最大，也擁有最好景觀及視野，自然也在整修的過程中規劃成較高級的房型。

在較有歷史的飯店所在的建築中，閣樓原始的用途確實可能是倉庫或廚房，大家應該有另一個疑問出現，為何是倉庫或廚房？這類建築以木材為主建材，可能出現火源的廚房設在頂樓，萬一出現火災，居住在樓下時容易離開，比較安全，而頂樓空間也最大，當倉庫也最合適，歐洲人運用古希臘人發明的滑輪，將貨物、食材運送到頂樓並不困難！

但是在童話故事中，閣樓也常是僕人們居住的空間，或是落難公主、王子及貴族們的居所，亦或是發明家、巫師們的秘密研發基地，也是恐怖片、偵探片的背景，因為需要爬到最高。在沒有電梯的年代，並不是宅邸主人會活動的範圍，但也因為加上斜頂的空間最挑高，空間最大，進入現代改建成飯店過程，加上電梯方便抵達或透過行李員搬運行李後，閣樓自然因為大空間，就被規劃成了比較高級的房間！

雖然邊間及閣樓房對歐洲人而言通常都是較好的房間，但實際上發現有些人喜歡，有些人不喜歡。當然也不能排除有些歷史建築中閣樓房可能曾經有故事發生，但畢竟是少數，這類有故事的飯店通常很高級，也很昂貴，並不會常住到，多數入住的飯店都是新的建築，沒那麼多故事！

全球各國飯店也常將高級房型放在頂樓或閣樓，有些特色旅館還設計成「觀星房」，很多人會很開心住到這類房型，但邊間需要走比較久，有時兩面有窗，有時房間的格局並不方正。而閣樓部分，如果是傳統木造建築，會有許多的梁柱，還有特別的窗戶，有人喜歡，有人並不喜歡，見仁見智，可是對飯店而言，卻真的是比較高級的房間！

如果下次有機會被飯店升等，其實只是睡幾晚，並不需要像買房子需要考量到「風水」，倒不如好好享受一下不一樣的房型，想像一下自己是童話故事的主角，至於是僕人、王子或公主，就自己決定自己的角色吧！

瑞士格林德瓦 Grindelwald

瑞士策馬特 Zermatt

瑞士策馬特 Zermatt

德國嘉密許 Garmisch 飯店

德國嘉密許 Garmisch 飯店

德國嘉密許 Garmisch 飯店

西班牙巴塞隆納 Barcelona
近郊山區飯店

6.廁所下身盆清潔用，不是馬桶功能不一樣

生活習慣不一樣設施也不同
下身盆不是馬桶功能並不同
免治馬桶較好用在歐洲不流行

入住地中海沿岸國家的飯店時，常常會發現飯店房間的浴室內會設置2個馬桶，但其中一個馬桶不太一樣，有點像低的洗手台，有水龍頭，有排水孔。常常有朋友會說低的馬桶來洗東西挺方便的，也聽過有朋友放冰塊進去拿來冰鎮啤酒或飲料。

義大利熱那亞 Genova

這個不像馬桶的馬桶到底有什麼功能？其實這不是馬桶，是「下身盆」或「坐浴盆」Bidet，翻譯成白話，就是如廁後，清潔私處及屁股用的盆子。推論這來源主要受到羅馬文化的影響，非常重視如廁及清潔的羅馬人，當然會很重視如廁後的清潔，所以在羅馬文

義大利熱那亞 Genova

西班牙飯店下身盆

化直接影響的範圍內，持續運用各種方式在如廁後以水進行清潔。在沒有衛生紙的年代，用水來清潔是最乾淨的，特別在不方便洗澡的時候，清潔下身是很重要的，也有助保持衛生及健康。

據說到 17 世紀法國最早出現了類似的清潔用盆，主要流行於巴黎的仕女及貴婦圈，後來傳到南歐各地。阿根廷也在 19 世紀末期將這設備引入南美洲，還有一度被少數當地女士覺得是巴黎來的不入流物品，覺得是供煙花女子使用的，認為只有她們才需要常常清潔下身；但在公共衛生的需求及巴黎來的必屬流行時尚的思維下還是引起風潮，曾經在首都布宜諾艾利斯成為必要的公共衛生重要設計，而到了現代，則發展出免治馬桶。

這種「下身盆」的龍頭，通常可以調整方向方便使用，使用時有點像坐空中馬桶的方式，用水來清潔下身，我自己覺得很不好用，還是免治馬桶方便！可是畢竟免治馬桶是 20 世紀中葉以後美國人發明，後來透過日本人發揚光大的，是現代才有的產產品。在當時的歐洲有這樣的清潔觀念及設備已經算是先進，當然在歐洲很多地方，這盆子的功能真的變成洗腳或洗東西了，但到了今日，南歐的部分地區，仍然有使用下身盆的習慣，所以還是有許多飯店房間維持這樣的設計！

下次入住飯店發現像馬桶的下身盆，可使試試！但畢竟是清潔下身用的盆子，我自己覺得還真不適合拿來洗東西或用來冰鎮飲料，總感覺也怪怪的，當然如果不介意也無妨！

7.歐洲雙床房，兩張床緊靠一起很平常

雙床房兩床靠一起很正常

一大床房型可能由兩張床併起來

訂房確定房型進房需再仔細確認

在歐洲的飯店入住時，常常大家會發現，明明說是兩小床雙人房 Tiwn Room，那為什麼一進去房間，常看到的是一張大床，聯絡櫃檯或領隊後，有時把床罩掀開後，還真的是兩張床，只是兩張床緊靠在一起！

這是個挺有趣的疑惑，而且還真的沒有特別的答案；只能說是習慣把床組這麼擺置，床組的擺置，完全依據空間的概念來安排，所以只能說是很多飯店習慣這麼擺，常常發現空間很大的房間內也是如此！

感覺好像沒有解到惑，只能從區域習慣來看看，歐洲飯店房間一般不會太大，因為多數地方冬天溫度偏低，需要暖氣，空間越小，越快溫暖，房間小時要放下兩張床，當然得靠近點放；就算是現代新式的飯店，空間大了許多，但設計概念上還是一樣。還有些地區的小飯店更有趣，唸書時跟朋友在歐洲旅遊，訂價格比較親民的飯店時常遇到，雙人房的兩張床不僅有靠在一起的，也有兩張床排成直線或 L 型的，挺有趣的。因為空間配置的關係，跟朋友一起住時，挺不賴的，不會互相干擾，當然基本上會住在一間房間的都是熟悉的朋友或是親近的家人，所以兩張床靠近放也沒什麼問題。

歐洲飯店緊靠一起的雙床房
Twin Room

歐洲飯店緊靠一起的雙床房
Twin Room

其實在歐洲訂房時就算是訂一大床的房型 Double Bed Room，也常常會出現一張大床，用一個床架，但上頭會有兩個床墊跟兩組床具，或者一個床墊有兩組床具，這類的房型確實是一大床。但基本上有兩個墊子，也會稱為斯堪地那維亞雙人房（或稱北歐式雙人房），原因其實是就算是夫妻或伴侶也可能有不同的睡眠習慣，為了不會影響對方的睡眠品質。在德國、瑞士、奧地利及北歐各國等，很多夫妻或伴侶會這樣配置床組，一大床就是兩張單人床併在一起；通常是把兩張床放在同一個床架上，所以這類的雙人房也會被稱為德式雙人房。實際上挺麻煩的，有可能有各種不同的類型，訂一大床時會出現，訂兩小床時也會出現，沒有到現場看還真的分不出來，講究點的飯店會說明式一個床架或兩個分開的床，所以訂房時如果有特別喜歡的房型，得看仔細！

因而這種兩張床緊靠在一起的情況，在歐洲各地就變得很常見，至少有兩種以上的原因，不論是純粹靠近放增加空間感，或只是習慣這麼放，亦或者德式或北歐式，都有可能；下次到歐洲入住飯店時，可以仔細觀察看看！

第五章 行程規劃篇

左上 丹麥哥本哈根新港
Nyhavn, Copenhagen

右上 芬蘭羅凡聶米
聖誕老人村北極圈地標
Arctic Circle,
Santa Claus Village

右下 羅馬尼亞布朗城堡
Castelul Bran

左下 荷蘭鹿特丹時尚市場
Markthal, Rotterdam

1.歐洲旅遊跟團自助各有優點，適合自己最重要

歐洲旅遊跟團自助各有優缺點
需要專人安排選擇跟團最洽當
喜歡依據自己步調自助旅遊佳
自住旅遊交通距離語言體力都要考慮
選擇最適合自己的旅遊方式
朋友出遊可安排客製化行程

想到巴黎左岸享用浪漫下午茶，想到北歐追尋帶來幸福的極光，想到瑞士欣賞金色馬特洪峰日出美景，想到西班牙巴塞隆納親眼見到建築大師高第的作品，想到義大利威尼斯感受水都風情，想到匈牙利布達佩斯泡個溫泉。大家決定好旅遊目的地後，最常問小易的就是，到歐洲旅遊，到底要跟團或自助，要怎麼選擇才適合，這也是到歐洲旅遊前大家都會思考的事，其實兩種旅遊方式各有優勢。

在網路上可以找到不少答案，大致上都這麼說，跟旅行團方便，自助旅行自主彈性高，確實跟團旅行最方便，只要選擇自己喜歡的行程報名付款，一切都有旅行社專業的安排；出國時也有領隊隨團服務，挑到適合自己的行程，也可以有開心、符合期待的旅程。而自助旅行彈性真的大、自主性的高嗎？這就真的挺難說的，交通、語言、距離、體力等都是要考慮的因素，當然規劃行程時彈性及自主性很大，但確定行程後，同樣有所限制，不一定如大家所想的；比較容易安排理想中的旅程，實際上跟走到哪裡玩到哪裡並不一樣，得自己認真做功課好好規劃，才能玩的盡興。

依據小易的經驗，簡單來說，想探索交通不便不容易抵達的地區，像是北歐的北角、挪威的大西洋海濱公路、北馬其頓的奧赫里德湖等，或是想在短短假期內去很多景點的，愛聽專業導覽介紹的，不喜歡自己做功課預定行程的，對自助旅行有畏懼的，這些朋友都適合參加旅行團。其他像是愛自己決定想要的行程、不介意沒有行程的，喜歡冒險嘗鮮的，挺適合自助旅行，當然有一群同好一起出遊，還有另一個選擇，就是自己規劃，委託旅行社安排客製化包團行程。

歐洲國家多、語言種類多、腹地範圍大，一般旅行社多安排 2 週左右行程為主，安排單國或多國行程，也會在這期間內走訪區域內主要景點；住宿、餐廳、交通都有專人預訂安排，同樣的行程、食宿等級如果自己走，通常得花更多時間、更多費用，畢竟團體有巴士接送、領隊帶團、專人導覽，且有一定人數，團體票、團體餐、團體住宿，價格都較優惠，所以才說適合想要在短期間走最多行程的朋友，也適合喜歡 CP 值高的朋友。當然因為是跟團，也不用擔心語言、路不熟等問題，只須要選擇最喜歡的行程，也適合不愛自己預訂、不想自己走的朋友們，但跟團畢竟是跟團，享受團體行的便利，自由的時間就會比較少，那該挑什麼樣的行程才適合自己，另外再分享。

那自助呢？歐洲鐵路、公路、航空發達，願意花時間安排行程，可以突破語言障礙順利溝通、認路的朋友，也可自己設計出喜歡的行程，依據預算選擇住宿餐飲等，不會受到團體套裝行程約束。但還是有限制，例如航班、車次、住宿需要預訂，自己開車也需要認路及體力等，預訂後也必須按時 Check in，以免沒車搭、地方住；實際上並沒想像那麼自由，當然可以安排輕鬆一點的行程，或在喜歡的地方多待幾天。小易唸書的時候，也曾只訂第一晚飯店，第二天起拉著小旅行箱隨興決定下一站，在當年網路不發達的年代，糟糕，透露年齡了，到了每個城市就得找旅遊中心索取或購買當地地圖，同時訂飯店；印象最深的是前往盧森堡時，火車延誤，抵達時旅遊中心已關門，只能一家一家問有沒有空房，恰巧遇到環歐自行車賽到盧森堡，差點只能在車站或公園過夜，找了 2 小時才有房間住。雖然現在網路發達，隨興的行

芬蘭羅凡聶米聖誕老人村
Santa Claus Village, Rovaniemi

摩納哥 Monaco

堡加利亞里拉修道院 Rila Monastery

北馬其頓奧赫里德神學家聖約翰教堂
St. John Kaneo church, Ohrid

法國史特拉斯堡 Strasbourg

法國史特拉斯堡 Strasbourg

挪威北角 Nordkapp

英國倫敦 Big Ben, London

程比較沒問題，隨時可以查資料，但如果選擇走到哪裡算哪裡的旅遊方式，得臨時安排住宿及交通，所需要承擔的風險仍然不少！

剛剛說到幾個要考慮的重點，溝通、住宿、餐飲、交通；溝通部分，歐洲各有不同語言，還好有現在翻譯軟體可以幫忙，基本上還可以克服，只是得花點時間查詢翻譯。住宿餐飲，該預訂的先預訂，事先注意餐廳休息時間就好，例如週日許多店家、餐廳是不營業的，自助最難處理的是交通這段，可以自駕的問題不大，只是停車費不低，且許多老城區會限制車輛進入，搭大眾運輸，就需要多考慮該怎麼安排、轉乘等，還有遇到延誤、取消，這些真的挺常發生的，也得想好應對方式，當然能夠處理得很好的朋友們，挺適合自助的。

依個人經驗，旅行歐洲每次 14 天左右天數剛好，天數太多會出現疲憊感，跟旅伴的甜蜜期容易過，衣服不好準備，也得找地方洗衣服。這樣的天數，跟團就幾乎可以在短時間內走訪當地所有景點，但如果是自助，這天數能去的地方不多。雖然參加旅行團也會因天候、罷工等遇到延誤等風險，但總是有專人會處理這些事，只要跟著安排就好；相對來說，參加旅行團最簡單，倒是並不是每個人都適合跟著團體旅行，比較有自己步調的就不合適跟團，跟團的朋友也同樣害怕遇到步調比較不一樣的團員，行程容易被影響；團體人數不少，畢竟參加團體就得犧牲一點自己，行程較能開心順利，不計較能跟著開心旅遊、愛交朋友的最適合跟團。

小易自己帶團多年，同時有跟團經驗，也會在休假時到歐洲自助旅行，渡假兼考察採點，關於跟團或自助這疑惑有個小小的結論：畢竟在台灣工作的假期較少，歐洲距離比較遠，可以利用為期不長的假期，先選擇跟團，在短時間內把喜歡的國家或地區走一遍；期間又有專業導遊、領隊詳細介紹各地歷史風情，未來有機會可以選擇其中喜歡的城市，來個深度城市旅遊，再來細細體驗當地文化風情。或者可以幾個好友家族組成小團，請專人安排食宿交通，客製化團體旅遊較市場上的行程更可以符合需求，也是很不錯的選擇，其實只要身心都準備好，知道自己的選擇，跟團或自助都將是美好的旅程。

2.歐洲行程應挑選適合自己的，而非找最實惠的

團體旅遊行程種類多價差大
一分錢一分貨價位不同食宿行程等級大不同
不是挑最好的要選擇適合自己的行程才有開心旅程

市場上出歐洲團的旅行社不少，疫情後更多了，歐洲團體行程那麼多種，那該怎麼挑選？有些挑價格最實惠的，有些挑 CP 值最高的，有些挑固定的旅行社，也有挑特定的領隊，當然身為領隊，希望大家挑我！但其實最重要是挑適合自己喜好的，這樣的旅遊經驗才會是最開心的，現在就來解答這個困惑。

挑固定的旅行社或領隊，其實是選擇固定風格、等級及水準的，這是一種方式，因每家旅行社都有各自的目標客群及餐食、住宿等級設定。喜歡或習慣某家的行程，通常也會喜歡同一家旅行社其他系列行程，當然也對這家旅行社有一定的信賴度。另外與其跟著陌生的領隊，倒不如跟著熟悉的領隊出遊更有安全感、信任感，畢竟歐洲距離遙遠、文化習慣不同，很多事都得靠領隊處理，所以這也是不錯的選擇方式。

各家旅行社除了適合大眾的系列團行程外，也會推出特色行程，以歐洲線為例像是荷蘭鬱金香花季、慕尼黑啤酒節、威尼斯面具節、保加利亞玫瑰節、愛丁堡軍樂節等節慶行程。也有朝聖之路、品酒美食、攝影、藝術、自行車、健行、滑雪、鐵道、郵輪、河輪等各種特殊行程，適合對相關主題有興趣的朋友們挑選參加。

選擇合適的行程十分重要；雖然各旅行團的行程設計理念可能有所不同，但普遍存在一個原則：一分錢一分貨。也就是說，價位的高低會直接影響行程的等級。售價中航班、住宿、餐食、景點是主要項目，不同航班價格不同，住宿 5 星、4 星或 3 星飯店，飯店在市區、郊區，是特色、渡假或商務飯店等，都不一樣。而中式餐、特色餐、米其林或當地推薦餐，餐食等級與價格當然也不同，另外有沒有包含特別的活動、付費入內景點、特色景區，例如景觀列車、遊船、雪橇、騎馬、博物館等，這些都決定團體價位。

整體來說，包含最多活動、景點，提供最高級飯店及餐食的這類旅行團，吃好、住好、行程多；如果天數足，飯店又在市區，每個景點也安排足夠時間，有些還會特別註明每日有機會自由活動逛街，通常會是高價位的團體，就適合喜歡充實高等級行程，也愛有自由活動時間的朋友。

如果包含付費入內景點及活動多，但天數相對短一點，飯店餐食等級也夠高，通常這類行程 CP 值特別高，只是每個景點的停留時

荷蘭鹿特丹時尚市場 Markthal, Rotterdam 夜景

荷蘭馬斯垂克 Maastricht 天堂書店

間、自由活動時間就會較短，可也別太擔心會太累，因為歐洲巴士司機有嚴格工時限制，正常情況下不會太晚回到飯店。比較適合重視行程 CP 值，不特別愛逛街，也沒有特別想要有時間購物或自己逛逛的朋友。

相對來說，活動、入內景點少，中式餐或自理餐多，飯店以郊區商務為主的，團體價位最實惠，也有機會自己決定要不要參加當地活動；這類行程廷適合以到各國走走、看看特色為旅遊目的，對博物館導覽等沒有特別興趣，喜愛中式餐或自理餐的朋友們。

當然有許多旅行社的行程都是介於這兩類之間，要選擇哪一種，就看自己的喜好，例如 CP 值高，並不一定適合自己；想要充實且高等級，又有自由時間，價位可能較高；有些旅行社本身就有設計不同價位、不同特色的行程，供不同客群選擇，當然不同價位提供不同類型的食宿、行程。

跟團的選擇中，當選擇值得信任的旅行社及適合自己的行程後，

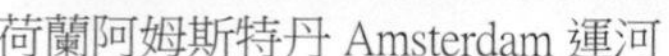

荷蘭阿姆斯特丹 Amsterdam 運河

盧森堡 Luxembourg

除了可以選擇全程參加旅行團，也可以只參加海外行程部分，就是業界所稱的 JOIN TOUR。換句話說就是機票自理，自己到當地跟團體會合，台灣旅行團的經濟實惠、物有所值早就傳遍全球華人圈；海外的旅行團通常不含餐食及部分門票，跟我們習慣「全包」的設計不同，所以很多旅居海外的朋友們都藉這種 JOIN TOUR 方式參團；即只跟旅行社訂行程，自己另外購買機票或搭乘其他交通工具到歐洲當地跟團體會合，小易就常在歐洲的機場等待海外報名的朋友加入團體一起旅行，也有留學當地的子女利用假期參團，在當地跟台灣出發的父母親友會合後一起旅遊，也是不錯的方法。我自己還沒擔任領隊前，常直接在歐洲 JOIN TOUR，參加從台灣出發的旅行團，這方式也很適合跟完團想在當地繼續旅遊的朋友們參加！

另外分享一下，能帶歐洲線的領隊都有一定水準，畢竟歐洲當地只有在博物館、教堂等景點才有當地導遊擔任地陪，多數時間只有領隊一人處理大小事，領隊很重要，被稱為團體的靈魂；只是風格、類型不同，有些重貼心服務，有些以專業服務，有些擅長歷史，有些擅長建築或藝術；有知識型，有知性型，有活潑親切型，各有專精、各有不同，所以如前面所說，如果沒有特別喜歡的行程，其實跟著熟悉的領隊選團體也是不錯的方法之一。如果有朋友是領隊，也可尋求合適的建議，以免參加 CP 質高的團，嫌行程太滿；參加較多自由時間的團，嫌行程不夠豐富，總之，選自己所愛，不是選擇最好的、最優惠的或 CP 值最高的，要選適合自己的，愛自己所選的，出團後才能開心愉快的享受旅程。

3.別讓部落客或旅遊書侷限歐洲旅遊行程

盡信網路資訊不如無網路資訊
注意部落客網路或旅遊書沒告訴大家的事
旅遊團按契約須依行程及預訂排景點
所有資訊都值得參考但別因此制約了自己
歐洲旅遊處處有美景放開心胸體驗各地的不同

帶團時常有團員問，部落客說這城市哪裡哪裡最值得一訪，這景點什麼時間最美，什麼時間什麼角度拍攝最漂亮；部落客說這裡有全世界最美的星**、麥**，像是波多星**、鹿特丹麥**等，有些部落客還會提供完整的行程、交通資訊；部落客、網路或旅遊書也會說，某這家餐廳必去，某個餐廳是整個城市最好吃的，或者某個餐點必吃之類的，當然都可以參考，也可以試試，但盡信書不如無書，盡信網路資訊不如無網路資訊。

這些部落客、網路資訊中沒有告訴大家的是，部落客是自助或跟團，到過那裏幾次？什麼季節去？吃過當地多少家餐廳美食？是春夏秋冬、早中晚持續觀察，才選擇出最好的拍照時間，或是自己覺得美或好吃，也不會說最美的評價資料哪裡來；旅遊書也沒說明推薦餐廳資訊哪裡來，是不是餐廳贊助等，但這並不代表部落客、網路或旅遊書的資訊不值得參考，而是得當成旅遊的參考資訊之一，不應該是唯一的依據。

如果是自助旅遊，喜歡跟著這些行程試試，也挺不錯的，可以驗證比較一下；但如果是跟團，每個團體都有不同的行程、預約時間，旅行社跟旅客也訂有契約，一定是依據行程及預訂來走；如果有時間，自己要利用自由時間來多試試多看看當然沒問題。

瑞士金色馬特洪峰 matterhorn 日出

博物館會不定期調整展覽品，景點一年四季各有不同特色，每個季節、每天的不同時刻有不同的景致，晴天雨天也不同。特別像北歐看極光、瑞士看金色馬特洪峰或馬特洪倒影，就得看運氣、看季節、看天氣、看時間，部落客、網路或旅遊書不一定有提供完整資料，很難知道這些資訊的相關詳細背景及時間。

堡加利亞卡贊勒克 Kazanlak 玫瑰節

每個景點什麼時間最美，其實沒有答案，當然另一個角度是心情好時看什麼都美。以巴塞隆納著名的地標聖家堂為例，常有部落客分享室內最美的是下午陽光進來的光線，也

西班牙赫雷斯
Jerez de la Frontera 夏日葡萄藤

西班牙巴塞隆納聖家堂
Sagrada Familia, Barcelona

有分享是上午的光線才最美，這怎麼回事？其實室內東西兩面的彩繪玻璃，在設計者建築大師安東尼．高弟及接續的建築師們的規劃下，分別鑲上藍色及黃色玻璃，依據自然光線晨昏的不同進入光線：上午陽光較透過東面藍色玻璃灑進室內，下午則由西面藉黃色玻璃灑入；只要有陽光，不論時間，都有不同的美麗光影，所以大家分享都是對的，但也不完全，其實都美；畢竟很多部落客只進過一次，看到的那刻當然最美。但其他時刻也很美，我自己則在早上及下午都進過聖家堂裡面許多次，當地導遊地陪更不用說，真的得說，非常佩服建築師們的設計，不同時間各有不同的美。

西班牙巴塞隆納聖家堂
Sagrada Familia, Barcelona

餐廳美食也會依季節時令調菜單，也有口味的問題，每個人喜好本來就不一樣，多吃幾家也不同，例如有名的佛羅倫斯丁骨牛排，吃過好幾家後，我自己喜歡的不一定是最多觀光客最多人推薦最有名的；有些知名餐廳吃的是名氣或歷史，有時換廚師、菜色調整，名菜不一定會有，也不一定維持口味；像我自己在 2022 年到維也納中央咖啡館，就吃不到皇帝煎餅，說是暫停供應，但既然來旅遊，到歐洲體驗不一樣的生活文化，那何必被一定要看到什麼或吃到什麼限制住心情！

部落客、網路或旅遊書等建議的行程，可能是作者依自己喜好所規劃的行程，也或是某旅行社的行程，或是當地旅遊部門推薦的行程；如同前面所說，通常看不出資訊背景，當然都有參考價值，也可以納入自己的旅遊規劃或口袋名單。另外得注意的是，通常網路或旅遊書也會分享許多交通資訊；但歐洲的交通資訊也常有調整變化，像以前可以從義大利米蘭搭直達車到法國尼斯，但現在就必須轉車。各國班次常改點，也常有地鐵整條路線整修停駛的情況；如果是渡輪，常因也會依季節有所不同；如果自助都需要再詳細確認。景點的開放時間也是，每年可能不同，德國知名的國王湖最美的上湖區通常在 4 到 10 月會開放，但實際上開放日期會依據每年季節變化等調整。看完相關資訊後，如果選擇自助旅行，小易個人建議可以到官方網站看看確認一下細節，當然如果跟著團體旅遊就不用太擔心，有專人會查詢確認！

總之，各種資訊都值得參考的一面，每個人的喜好、旅遊方式都不同，別被部落客、網路資訊、旅遊書等侷限何時最美、什麼最美、哪裡必去、什麼最好吃、哪家餐廳必吃，就放開心胸，享受眼前的所有景緻！

4.歐洲整體治安還不錯，小偷雖多但算安全

歐洲整體治安不錯但小偷很多
只要多注意旅遊歐洲是安全的
台灣治安好安全指數高犯罪指數低
扒竊屬輕罪很難遏止判刑只能趕到其他城市
小偷扒手技術日益精進防範得宜仍可避免損失

許多朋友問我這個問題，答案是真的！歐洲確實有不少小偷，但若要評價治安好或不好，則頗為複雜。簡單來說，得細分不同的城市和區域，整體來看，歐洲治安還算不錯，但安全的程度終究是相對的。歐洲的觀光業非常發達，觀光業收入在許多國家的 GDP 中占有很大比例。根據 OECD 的統計數據，2019 年，COVID-19 疫情爆發前，法國和西班牙的觀光業 GDP 占比各約為 7.5%和 12.4%。而依賴觀光業的行業眾多，其中就包括了小偷和扒手。

要評價歐洲的治安好壞，我們通常參考各國的安全/犯罪指數；歐洲的安全犯罪指數自然無法與台灣相比。根據 NUMBEO 網站公布的 2023 年數據，台灣的安全/犯罪指數在全球排名第 3，這顯示台灣的安全指數高、犯罪指數低。加上台灣的監控系統很發達，路上、商店到處都有監視設備，大大提高了安全度。有趣的是，大家到日本、韓國、新加坡旅遊時，通常不會問治安好不好，而去歐洲旅遊時，卻常有這樣的疑問。雖然歐洲無法與台灣和日本相比，但在同一份報告中，歐洲的瑞士、斯洛維尼亞、克羅埃西亞、冰島的安全指數都比韓國高。捷克、丹麥、芬蘭、荷蘭、奧地利等國的安全指

數也比新加坡高。葡萄牙、西班牙、德國、羅馬尼亞、保加利亞等國的安全指數比大家常去自助旅遊的的泰國還要高，這些國家的安全指數都屬於前段班；而英國、義大利、比利時、法國等國則相對較低，但排名也在全球的中間位置。總體來說，大多數的歐洲國家都算是安全的。

若從扒手小偷多不多這角度來觀察，英國網站 Quotezone.co.uk 公布的「歐洲扒手指數」（European Pickpocketing Index）前三名國家是義大利、法國、荷蘭。根據旅遊網站 TripAdvisor 所公布的全球小偷數量排行榜，前五名城市也全部位於歐洲，包括法國的巴黎、義大利的羅馬、西班牙的巴塞隆納和馬德里，還有捷克的布拉格。有趣的是，其中西班牙和捷克的安全/犯罪指數卻都在全球排名的前段呢！這似乎存在一點矛盾，歐洲的整體治安狀況相當良好，然而許多城市卻

西班牙巴塞隆納米拉之家
Casa Mila, Barcelona

西班牙馬德里主廣場
Plaza Mayor, Madrid

西班牙塞維亞西班牙廣場
Plaza de Espana, Sevilla

西班牙塞維亞西班牙廣場
Plaza de Espana, Sevilla

捷克布拉格查理大橋
Charles Bridge, Prague

荷蘭阿姆斯特丹 Amsterdam 運河

荷蘭阿姆斯特丹 Amsterdam 運河

荷蘭阿姆斯特丹 Amsterdam 運河

荷蘭沃倫丹 Volendam

有大量的小偷和扒手。

小偷有多厲害，真的很想說，大家走一趟被偷過就知道，但這事還是別親身經歷好，當然除非想寫故事，否則聽過、看過就好了，要分享的可都是真實發生，可都是小易自己、朋友親眼見到。

20 年多前到西班牙馬德里、巴塞隆納，義大利羅馬、米蘭、拿坡里，荷蘭阿姆斯特丹的大城市旅行時，當地朋友總是一再提醒，出門不要帶太多現金和貴重物品，最好用當地的購物袋裝物品，用塑膠袋更好，這樣比較不會引宵小注目。還警告我不要走進偏僻的暗巷，因為那裡可能有搶匪出沒。真的很多朋友被搶，連當地人都害怕走到比較沒有人的路上，那時我在這些城市時真的提心吊膽，身上不會帶超過 30 歐元，然而，治安狀況在近年有所改善，持刀搶劫者現在會被重判，這種犯罪情況已經大大降低。儘管如此，竊盜仍然相當普遍，特別是對背包、手機和錢包的盜竊，所以我們必須保持警惕，這些都是容易被覬覦的目標。

小偷類型很多，有直接偷、直接拿，另外也有潑髒水黨、祈福黨、愛心黨、假好心黨等，這是小易自己分的，別問資料哪裡來！他們熟練運用潑髒水、問路、募款、兜售商品、套手環、遞橄欖枝、刺輪胎等各種手法，有些融合各種方法，多數都以多人分工，技術純熟、團隊默契佳。

觀光客聚集的城市往往就是小偷和扒手活動的地方。以整體治安不錯的斯洛維尼亞為例，許多朋友都有在首都多盧比安納遭遇過小偷，有朋友在購物後將護照和錢包放在後背包中，只是從商家走出來一小段路，同行的朋友就發現背包拉鍊被拉開，護照錢包都不見了；也有剛在水果攤買完水果，之後想買冰淇淋就發現錢包不見了；還有領隊朋友帶團走到餐廳路上，舉起相機喊大家一起來自拍，就發現多了 2 名陌生人擠進團體中，其中一位已經把一隻手放到其中一位的包包中，幸虧及時發現制止，這都是真實情況，可見即使治安指數較高，也仍需要警覺。

也曾在義大利的高鐵上，親眼見到小偷行竊，當下雖然看到整個過程，但卻完全沒有發現小偷已將物品偷走。情況是這樣，一位年輕女性利用火車停靠羅馬的 15 分鐘，假裝坐到一位年長男性的隔壁空位，坐一會兒就站起來整理行李，然後表示走錯車廂而離開。車子開動後，大家發現地上有一個錢包，裡面的現鈔已不見，原來已經被洗劫一空。也在法國普羅旺斯的景點，見到小偷利用觀光客下車拍照短短幾分鐘時間，敲破車窗玻璃偷走所有值錢物品。亦曾在西班牙巴塞隆納遇過有人對團員潑髒水，另一個人好心過來幫忙清理，實際上是在找機會行竊，手法多元且日新月異。

為什麼歐洲小偷扒手猖獗，據說還有另一個原因，歐洲當地導遊分享，原因大家一定很難想像，偷竊約 400 歐以下屬於輕罪，雖各地有不同標準，但差不多，只要不是持械、搶奪等，都不算嚴重危害治安。歐盟及歐洲國家保障人權，也減少法院負擔，對這些偶爾犯罪的輕罪嫌犯，只能拘留訊問，如果是慣犯，也只能拘留 24 小時左右，最少超過約 10 次才算是重大慣竊，才會移送檢方偵辦法院審理判刑，有點「集點換判決」的概念。且又因歐洲各國、各城市間管轄權限制及標準不同，對輕罪是沒有相互合作的聯絡體系，所以小偷扒手們，只要不要被抓到次數不多、金額不大，基本上都只是留下案底，換個城市、換個國家就繼續可以「工作」，所以小偷數量沒有減少。

現在各主要觀光城市為了確保觀光客安全，都在主要的景點配置大量的警察維護治安。然而，小偷們的犯罪技術也日新月異，我們在旅行時仍需小心提防。偷竊和搶劫常常只在一線之隔，我們必須隨時提防那些在法律邊緣遊走的小偷。

雖然小偷的目標是貴重物品及金錢等，而非護照，因為歐盟護照更有價值，但遺失了很麻煩，必須得許多花心力補辦，才能繼續旅行！

該怎麼防範應對，其實不難，首先，避免走暗巷；不要讓貴重物品暴露在外；將包包背在前面，不要背在後面或側面；物品要隨身攜帶；不要隨便接受他人的東西。面對各種誘惑和欺騙，我們要保持警覺。善用信用卡和其他無接觸支付方式，雖然可能需要支付一些手續費，但比起丟失錢包，這些費用微不足道。我們只需要帶一些零錢就可以了，這樣可以降低被偷的風險，或者只失竊最少量的金錢。

在公共場所，會有觀光警察巡邏或駐點，或有商家、百貨公司、咖啡廳等，如果發現任何異常情況，我們可以儘快向警察靠近，或進入商家。至少

義大利佛羅倫斯 Firenze 老橋

義大利佛羅倫斯領主廣場
Plazza della Signoria, Firencze

義大利科莫湖貝拉焦
Bellagio, Como

這樣做後，小偷不敢輕易行動。另外，應該相信領隊、導遊或當地朋友的建議，避免自己不必要的困擾，以免因物品遺失破壞旅遊的心情。

歐盟區域內各國貧富懸殊大，各國內部也有貧富差距，生活水準、社會福利各有不同，加上歐洲申根公約國開放邊境及境內居民自由移動工作，少數貧窮地區人民不像其他人在社會體系中認真尋求工作機會，而是遷移到歐洲主要觀光城市以異於常人的方式生活，偷竊、乞討等成為他們的日常，對我們觀光客而言，就只能隨時小心注意自己的財物證件。

總之，歐洲國家整體治安算不錯，可以放心旅遊，但以觀光客而言，最得注意的是小偷、扒手，數量真的挺不少，像北歐國家已經習慣塑膠貨幣，大概只有觀光客身上有現金，跟團時領隊導遊會一再提醒，包包背前面是自己的，背後面是小偷的，手機放桌上也是別人的，這都是真實經驗分享囉，扒竊技術雖也在進步，但只要防範得宜，大部分都可以避免損失。

左下、右下 法國科爾馬 Colmar

5.挑對季節選對地點看到極光機會高

看極光追夢想得挑對地點挑對季節
季節對地點對天候好還得看 Aurora 女神眷不眷顧
挑選行程看喜好每個人都不同
好的團體行程可以兼顧冬季活動與追極光
定點等候機會高但行程太單調

看極光是很多朋友一生必做的事之一，當然是很多人的旅遊夢想，但到極光帶旅遊就一定能看到極光嗎？極光團怎麼選？參加極光團就能看到極光嗎？其實這問題我們常常被問，標準答案是「有較高的機會」；因為除了選對地方外，最重要的是「運氣」，沒錯就是「運氣」，我們可以選擇看到極光天數最多的地點，也可以選擇最好的季節，看能不能看到就真的只能說是「運氣」！

首先，讓我們來了解一下什麼是極光。極光（Aurora/ polar lights），也被稱為「Aurora 女神」。這是一種發生在地球極區的自然光現象，當太陽風帶來的帶電粒子受到地球的地磁場引導，進入大氣層後，與高層大氣中的原子碰撞，就會產生發光現象。簡單來說，這些粒子與不同的原子撞擊時會呈現出不同顏色的光簾，這就是我們所說的極光。它像是燈光簾幕，顏色多以綠色和紅色為主。

極光最常在北半球看見，當中的紅色光通常會出現在較高的地方，而綠色光則出現在較低的高度。當這兩種光混合時，可能會產生黃色或粉紅色的光。在極光簾幕的底端或在低海拔地區，有時也會出現藍色或紫色的光線。最容易觀賞到極光的地方，主要分佈於南北緯 67 度附近，且範圍寬大約 3 到 6 度的環狀地區。

觀賞極光確實需要選擇適當的地點、時間，加上一份好運氣。對於「好運氣」這部分，我們無法掌控，如果未能親眼見到極光，或許我們可以說「上天希望我們再次造訪這些美麗地方」。然而，我們可以選擇最佳的地點和時間，確保我們在極光帶上，此時在極光指數 KP 值較高的時候，看到極光的機會最高。

被稱為「極光村」的加拿大黃刀鎮（Yellowknife）以及「北極光首都」的美國阿拉斯加費爾班克斯（Fairbanks）都是極佳的選擇，每年大約有 200 天以上可以看到極光。北歐的拉普蘭地區（Lapland，涵蓋芬蘭、瑞典、挪威）以及挪威的羅弗敦群島（Lofoten），也都是極光出現的高機率地點。

這些地區的共同特點不僅在於它們都位於極光帶上，還有高度清晰的能見度和穩定的氣候條件。另外，冰島，幾乎全島都在極光帶上，也是許多追極光旅人的熱門選擇，只是天氣比較多變。北歐的芬蘭、瑞典、挪威以及俄羅斯，都是極佳的觀賞極光地點。

在南半球，南美洲、澳紐以及南極洲都位於南極光帶上，因此在這些地方也有可能見到令人嘆為觀止的南極光。

對於北半球來說，每年的秋分到春分期間，也就是 9 月到次年的 3 月，是觀賞極光的最佳季節。而對於南半球，則是冬天較容易見到極光。雖然在夏季或白天也有機會看到極光，但由於日光或光害的影響，極光通常難以被看見。除非當天極光非常強烈，足以在日光下呈現出來，否則在長日照及白天的夏季，看到極光的機會就較低。

一旦你確定了觀賞極光的季節，接下來就是選擇地點。如果你的旅行目的主要是觀賞極光和欣賞自然風光，那麼加拿大的黃刀鎮或美國阿拉斯加的費爾班克斯絕對是最佳選擇。這些地方即使在夏季也有很大機會見到極光，但需要注意的是這些地方的交通並不十分便利，而且除了觀賞極光和欣賞自然風光外，可能沒有太多其他活動可做。然而，造訪這些不易抵達的地方，無疑是一次難得的人生體驗。

在南半球，紐澳雖然較容易抵達，但極光出現的機率相對較低，因此較難預測。澳洲南端的塔斯曼尼亞

挪威卑爾根 Bergen

冰島地吼雷 Dyrholaey 黑沙灘

北歐雪上摩托車

冰島極光

（Tasmania）以及衛星島（Satellite Island）是南半球較容易看到極光的地點。南美洲和南極洲，雖然同樣位於南半球的極光帶上，但對我們來說則較不容易抵達。

如果你希望在旅行中同時享受其他活動，而不僅僅是觀賞極光，那麼全島都位於極光帶上的冰島將是你的好選擇。冰島的各個地區都有機會看到極光，而且還有許多獨特的景點和各種活動可以參與，如冰河、冰洞、瀑布、火山、溫泉、間歇泉，以及可愛的冰島馬等。但要注意的是，冰島的冬季天氣變化可能很大，隨時有可能會影響當地的交通。北歐的芬蘭、挪威、瑞典等國也有很多著名的極光觀賞城鎮。這些國家位於北極圈的拉普蘭地區是欣賞極光的好地方，這裡有極光玻璃屋等設施，也有各種有趣的體驗活動，如馴鹿、拉雪橇的狗狗，以及著名的芬蘭浴桑拿等。芬蘭的羅瓦涅米（Rovaniemi）有國際機場，只需要轉機一次就能抵達，是個相對容易抵達的極光帶地點。

冰島斯奈山半島教堂山
Kirkjfell, Snaefellsnes

芬蘭赫爾辛基磐石教堂
Temppeliaukio Church, Helsinki

丹麥哥本哈根聖阿爾班教堂
St. Albarns kirke, Copenhagen

挪威精靈

那 KP 值該怎麼看呢，剛分享的這些地方都是會出現高 KP 值的區域，通常在 1 以上就代表上空有極光出現，郊區完全無光害、天空無雲下就有很大機會看的到喔，特別補充些關於KP值的小知識：KP值是衡量地磁活躍度的指標，範圍從 0 到 9。一般來說，KP 值越高，表示地磁活躍度越強，極光現象也就越明顯，出現的地點也會越往南邊。換言之，KP 值大的時候，極光可能會在比較低緯度的地方出現。

KP 值 0 或 1：在北極或南極圈內的極區可以看到極光出現。

KP 值 2 或 3：可以在高緯度地區看到極光，如加拿大北部、阿拉斯加、冰島、挪威北部等。

KP 值 4 到 6：在中高緯度地區可能出現極光，像是英格蘭北部、荷蘭、德國、美國的華盛頓州等。

KP 值 7 到 9：這屬於強列地磁風暴的狀態，低緯度地區也可能出現極光，例如有可能在美國的加州、希臘、義大利等地看到極光。

不過要注意的是，KP 值只是一種預測工具，並不能完全保證在某個 KP 值下就一定能看到極光。實際能否看到極光還需要考慮其他因素，如當地的天氣條件、月亮的亮度、光害等等。所以通常 KP 值大於 3 時，只要環境許可，很容易看到極光，甚至市區也有機會，但在市區或有光害的地方，或者天氣不佳時，極光會被雲層遮住，或因光害被光遮蔽，而天氣好不好就掌握在老天手裡，是要我們這次看或下次看得靠祂決定，有許多可以查當日或預測 KP 值的 APP 可以使用，有些是當地氣象台所做的預測。也可以查當地天氣預報，就可以知道機會高不高，當然在這些賞極光的主要城鎮，會有追極光行程，也有極光船、極光雪橇等，都是由當地經驗豐富的極光獵人（極光導遊）帶著去追極光，因為當極光出現時，就看能不能找到沒有光害的好地方欣賞，這時加入極光行程是好的選擇。

如果要在定點看極光，當然在同一個地方多住幾晚的機會最高，極光地區飯店通常都有登記簿，希望極光出現被叫起來的人可以登記，也有些有些飯店有較現代化的設備，極光出現時會發出極光警報，如果住在極光屋內，抬頭就可以看到！但注意這些地方在北極圈內，玻璃屋可能會結冰之類的，雖然都會有除冰的設備，但得先看看怎麼使用，萬一極光來了來不及除冰，其實只要穿個外套到外頭就可以看到極光。

為何待在同一個飯店機會高，畢竟有時運氣特別差，從哪裡剛離開，極光就出現在那裏，換住不同的極光飯店，其實機會是降低的，當然也有可能到哪裡，極光也在那裏出現。但一直住在同一個地方，那就少了欣賞不同景點及嘗試不同旅遊活動的樂趣囉。要兼顧旅遊及賞極光，就得有取捨。或者單純以賞極光為目的，就可以選擇極光出現天數最高的地方定點等候。

參加旅行社的極光團是最簡單、最高 CP 值的方式，但也因為旅行團必然會移動，有不同的行程，所以看到極光的比例會比一直住在同一個地方低一些。但可以挑選安排比較多極光地區飯店的行程。要知道的是，參加極光團或當地追極光行程，基本上都不可能保證

100%可以看到極光，而是提高看到的機率。

比較弱的極光肉眼看起來是白色的一條帶狀光。這時透過相機鏡頭可以呈現鮮豔的綠色。出現較強的極光時，可以比較清楚看到綠色或其他顏色的光。但多數情況下，透過比較長時間曝光的專業相機鏡頭，這些光幕會呈現的更豐富的色彩。當然如果遇到極光大爆發時，也可看到各種色彩。總之追極光時，帶著專業的相機或新款的手機，或者有專業拍照技術的好朋友，都很重要。

所以總而言之挑對好地方、好時間後，重要的是要有好運氣，遇到極光爆發，加上好天氣，就可以看到動人的極光。即使是在光害嚴重的市區，只要極光大爆發，還是有機會看到！

那就別等了，計畫一下追極光的行程，這可是人生的旅遊清單中必備的一頁。至於何時能看到，先挑個好地方，再挑個好季節，其他就交給老天安排。只要開心地享受旅程，至於這次看到或下次或下下次看到極光，就別多想，都會是個難得的旅遊體驗。

丹麥哥本哈根新港
Nyhavn, Copenhagen

丹麥哥本哈根 Copenhagen 美人魚雕像

番外章 特色美食篇

左上 葡萄牙里斯本貝倫塔
Torre de Belem, Lisbon
右上 法國吉維尼莫內花園
Fondation Claude Monet, Giverny
右下 匈牙利布達佩斯漁人堡.
Fishman Bastion, Budapest

1.奢華料理的代表海鮮盤曾經只有庶民願意吃

中世紀的次級蛋白質原來才是優質食品

沿海地區平民料理變身奢華象徵

生食熟食弄清楚享用更盡興

山區海鮮難取得新鮮度要注意

大家到歐洲旅遊，不論在巴黎、巴塞隆納、阿姆斯特丹或是波羅的海、大西洋、地中海等的沿岸城市，來上一盤有著滿滿各式各樣新鮮海鮮的海鮮盤，這可是旅行中最奢華的享受之一；如果加上一杯香檳、氣泡酒或白葡萄酒，來杯白搭的啤酒，更是完美搭配。

在海鮮餐廳享用的海鮮盤通常有冰的跟熱的兩類，冰的以生食及川燙後冰鎮的海鮮為主，像是生蠔、貝類、龍蝦、蝦類、蟹類等，端上桌時會將料理擺設在碎冰塊上保持溫度。熱的海鮮盤，通常都是以烤或蒸煮的海鮮為主，通稱為燒烤海鮮，除了貝類、龍蝦、蝦類外，會有魚類、花枝及烏賊家族（大中小卷、章魚等等，其實挺難分的）等，但不論生的或熟烤只要食材新鮮，都很美味，加上美美的擺盤，更是吸引人，小易自己是兩者都愛。

但大家比較不知道的是，這道現代餐廳中豪華美味的料理，其實在以前的年代，可是庶民美食呢！也是平民百姓比較容易取得的大餐，在以往，肉類才是歐洲人最喜歡的蛋白質來源；海鮮是平民比較容易取得的蛋白質食物之一，海鮮是大海的恩賜，庶民也可以有機會取得魚蝦貝類作為食物，價格比肉類便宜太多了，貴族及中產階級偏好肉類，海鮮被視為次一等級的蛋白質來源。當然現在不是如此，現在海鮮通常可比肉類昂貴許多！

另外在天主教的教規裡，周五及宗教節日不能吃肉類，也就是天主教的素食日，這時教徒們就會以海鮮來取代肉類，這點跟東方的素食不同，天主教的素食是可以吃海鮮的；貴族們也會在這些日子食用海鮮，當然擺盤一定比平民豪華許多；另外在法國，海鮮盤可是聖誕夜必吃的美食之一。

而隨著時代的演進，海鮮被證實是優質的蛋白質來源，在現代，海鮮盤反而比肉類更是歡迎，各大餐廳都提供這到料理，也有許多專門的海鮮餐廳，海鮮盤成為奢華美味料理的代名詞之一。加上全球暖化問題，海洋生態改變及人類過度捕撈，海鮮的數量越來越少，也越來越昂貴。

在歐洲沿海城市海鮮當然比內陸地區容易取得，沿海城市享用的美味海鮮的機會還是比內陸城市高多了，歐洲腹地遼闊，不像台灣就算內陸的城市其實只要一下下就能抵達海邊，四面環海漁業資源豐富的我們，各地幾乎就可以品嚐美味的海鮮。在歐洲的內陸城市並不容易享用到新鮮美味的海鮮料理，所以通常要吃豐富的海鮮盤，在沿海城市最容易。比較例外的是，我剛剛提到的巴黎，被稱為美食之都的巴黎，畢竟與衆不同，雖然距離海邊稍遠了些，需要好幾個小時，但卻是我自己所熟悉的城市中，可以享用到美味新鮮海鮮盤的城市之一，而且價格並不算太貴！

下次有機會到歐洲這些城市，可以選間好餐廳，試試由以往庶民料理幻化而成的奢華料理「海鮮盤」，也選一杯適合的香檳、氣泡酒、白葡萄酒或啤酒來搭配，讓自己奢華一下。

西班牙海鮮盤

西班牙海鮮盤

北歐海鮮盤

巴黎海鮮盤

法國翁夫勒 Honfleur

德國漢堡倉庫城
Speicherstadt, Hamburg

法國聖米歇爾山 Mont Saint Michel

德國班堡 Bamberg

德國班堡 Bamberg 煙燻啤酒廠

班堡洋蔥 Bamberg onions

德國班堡 Bamberg

德國班堡 Bamberg 市政廳

2.班堡洋蔥就地取材有特色煙燻啤酒很特別

在地取材風味佳
口味作法與東方類似美食很相似
食用洋蔥歷史長變化多
意外產物煙燻啤酒有特色

到了世界文化遺產德國班堡 Bamberg，一吃到當地必吃的特色美食「洋蔥鑲肉佐煙燻啤酒醬」，簡稱為「班堡洋蔥」Bamberg onions （暱稱為 onion treader）；總是有一種說不出的熟悉滋味，大家都覺得是種有異國風情的家鄉味，會異口同聲說好像我們的苦瓜鑲肉（苦瓜封）、冬瓜鑲肉（冬瓜封）；也會說我們有些地方也有做洋蔥鑲肉（洋蔥封）耶，其實這名菜可是道地的當地傳統的特色料理，有趣的是在東西方不同的飲食文化歷史發展中，出現類似的作法與口味！

德國雖不算是美食天堂，但每次吃到這道洋蔥鑲肉，大家都露出很滿意的表情，在洋蔥中烤熟的香料絞肉，吸收了洋蔥的甜味，擁有滿滿香氣，搭配著獨特風味的煙燻啤酒醬汁，清爽卻豐富的滋味，總能滿足大家的味蕾。

說起來，人類食用洋蔥的歷史久遠，距今 3000 多年前的古埃及石刻中就有刻繪洋蔥收成的情況，伊朗、中亞、西印度都有食用的蹤跡，也都可能是發源地。也在西漢時傳入華人世界，原生種到底在哪，暫時考據不出來，也不是挺重要的！總之洋蔥在東西方飲食中都扮演重要角色。班堡周邊盛產洋蔥，是重要集散地；另外歐洲人從羅馬時期起愛就吃豬肉，現今的德國不只也愛吃豬肉，更是重要產地；而啤酒則是日耳曼民族的血液，作為神聖羅馬帝國多位皇帝與主教的駐地，班堡也是重要商業都市，結合了當地這 3 項特色創造出不同的風味的美食文化！

到底這道美食怎麼做的，班堡觀光部門有分享主要作法，但醬料的調製、香料的比例、火侯的掌握就是各家廚師世代相傳的秘密。首先把洋蔥挖空，留下大約 1 公分厚度的洋蔥當成容器，內餡則是豬絞肉、煮過的煙燻豬五花絞肉、泡過醬汁的麵包丁、雞蛋，當然還有切碎的洋蔥，加入鹽、胡椒、肉荳蔻、墨角蘭、巴西里等香料及調味料，攪拌後塞入洋蔥中；上頭放點培根片，烤盤加點水後用 200 度烤約 45 分鐘，最後淋上特製的煙燻啤酒醬汁，但就不知道醬汁的食材是什麼了，我個人覺得嚐起來有啤酒的香氣，甜甜鹹鹹的滋味，可以搭配馬鈴薯泥或薯塊！

其中還有另一個重點，煙燻啤酒，顏色偏深，聞起來有一點煙燻味，但充滿啤酒酒香氣，嚐起來帶有微微的辣味，這啤酒可說是班堡的特色，其實班堡當地也有釀造各式各樣的啤酒，有一次遇到當地啤酒節，就發現了當地還有許多不同的啤酒，只是大家都是為了煙燻啤酒而來的，眼裡只有它們。當地官方資料說，煙燻啤酒是當地釀酒師有次在用火烘乾釀啤酒的原料麥子時，沒有把麥芽分離，就連麥芽部分烘烤了，然後一起釀製了成啤酒，創造出獨特風味，受到大家喜愛，造成流行，可說是意外誕生的美好滋味！有機會造訪時，一定要試試班堡洋蔥搭配煙燻啤酒！

3.德國豬腳種類多，有火烤也有水煮

平民主食成為德國特色美食
中世紀貴族不愛豬腳流至街頭變美食
處理費工一般家庭難料理德式餐館到處有
南北料理大不同水煮火烤各具風味舉世聞名

到德國，豬腳是必吃的料理之一，基本上區分為南德，也就是巴伐利亞地區的火烤豬腳 Schweinshaxe，以及北德的水煮豬腳 Eisbein，直接翻譯為冰腿，或稱為燉豬腳。原來德國豬腳不是只有我們這習慣看到的烤豬腳，也有水煮豬腳的！

德國科隆 Koln 豬腳

德國慕尼黑 Munchen 豬腳

德國豬腳的歷史也是不可考，但德國豬腳本來並不是德國人的主要食物；豬腳本來是鄉下地區農家或平民人家的料理，因為其他部位的肉類較貴，所以這些人家常常都只有便宜的豬腳可以料理，特別是 19 世紀後因戰事

德國柏林 Berlin 水煮豬腳

頻傳，資源較為困乏，吃豬腳成為德國的日常。雖然德國各地餐廳都有賣豬腳，但在一般家庭裡，並不常吃，因料理起來比較費工，不只是觀光客吃，當地人也會吃，在餐廳聚會時，會點一些來配啤酒，就是當下酒菜的概念，在休息站、小餐館也有販賣，切一些豬腳就可以當成一餐！

德國人吃的豬腳主要是豬蹄膀的部位，我們會料理豬腳的各部位，但德國人只吃蹄膀，倒是跟我們一樣有各種料理方式，我們台

羅馬尼亞布朗城堡
Castelul Bran

羅馬尼亞佩雷斯城堡 Peles Castle

羅馬尼亞布加勒斯特
Bucharest 豬腳

德國柏林布蘭登堡門 Pariser Platz, Berlin

灣料理豬腳的本事，當然沒人比得上，有各式各樣的作法。德國的口味比我們單純多了，基本上只有 2 類，南德地區木材資源豐富，早期會以木材火烤，烤之前為了增加風味，會加入香料、鹽、啤酒等醃製，這醃製的醬汁，各有不同；很多廚師也有自己的秘密配方，如果上網查食譜，會發現各式各樣的作法；當然現在會用烤箱來烤，最外層表面香脆，有餅乾的口感，醃製過的豬腳肉香酥十足，帶點皮或筋的部分 Q 彈美味，肉質部分彈牙，另部分有嚼勁，配點德式酸菜，滋味更豐富，每次都覺得很好吃，只是一隻豬腳太大份吃不完，超搭德國啤酒的。北德地區因為環境的關係，稱豬腳為「冰腿」，別誤會，並不是吃冰的；主因為早期當地人會以豬的這部位堅硬的骨頭來當冰上行走的輔助工具，所以叫「冰腿」，因為在這區域早期不容易烤熟這麼厚實的豬腳，所以製作方式會以醃製過的豬腳直接燉煮，有時會加酸菜或其他配料一起來煮；口味具有層次感，吃起來有點像我們紅燒蹄膀的口感，軟嫩 Q 彈富有膠質，但味道不太一樣，現代的北德有些餐廳會將煮過的豬腳再烤一下，讓味道更有層次，雖然都經過醃製，但北部與南部的豬腳呈現出不同的風味。

德國豬腳廣泛流傳於日耳曼文化區，奧地利、瑞士、羅馬尼亞都有類似的料理，風味各有不同的，多數都搭配各種醃製的菜，但因為當地蔬菜有限，物產看似豐富的德國，因為氣候及土壤，蔬菜較少，所以會以醃製的手法保存蔬菜，各式德式酸菜及醃菜，都很搭豬腳，最搭的還是德國啤酒！到德國地區，一定要找時間品嚐一下純正德國豬腳！

4.葡式炒鱈魚乾，珍惜食材的料理

剩食料理不浪費珍惜食材又美味
葡萄牙國菜鱈魚乾加入餐廳易取得配料一起炒很美味
觀光客較少點當地人喜歡當主餐
一般家庭也能做宴客自用兩相宜

葡萄牙傳統炒鱈魚 Bacalhau à Brás，也被稱作鱈魚盤 Cod Dish，這道菜不只是葡萄牙的家常料理，也是小餐館裡很多當地人愛點的特色菜。但很多到葡萄牙的觀光客不一定吃過這道料理，這道菜據說源自於里斯本老城的 Bairro Alto 區，這道菜可以當前菜，也有很多當地人會當成主餐，Bacalhau 是鱈魚，à Brás 是指創作這道料理的廚師 Brás 個人特色風味。

先來分享一下這道料理，主要食材是被視為葡萄牙國菜的鱈魚乾 Salt Cod，也就是加鹽曬乾後的鹽漬鱈魚或叫鱈魚乾；這是歐洲地區常見的鱈魚保存方式，鱈魚乾加上洋蔥、馬鈴薯（切絲後先過油）及雞蛋一起炒；有時也會加蘑菇及蔬菜，將鱈魚切丁或絲狀後，跟其他材料一起拌炒，再加入雞蛋，最後加點橄欖及巴西里，呈現出來真的很有台式的風味。也像家裡媽媽把冰箱裡的東西拿出來一起炒的感覺，在家也可以料理。看起來挺像比較乾的鱈魚炒蛋或木須（也稱木樨，就是將雞蛋炒後，看起來像桂花的料理手法）炒鱈魚，很有熱炒的感覺。鱈魚乾軟化後成為帶有鹹味的鱈魚，不需要過多的調味，就有大海的滋味，這道菜很有家常風味，品嚐起來有鹹鹹的海味及甜甜的鮮魚味，個人覺得很美味。

葡萄牙斗羅河 Douro 波特酒莊

葡萄牙法蒂瑪 Fatima

葡萄牙斗羅河 Douro 葡萄藤

葡萄牙波多萊羅書店
Livraria Lello, Porto

葡萄牙斗羅河 Douro

葡萄牙波多路易一世鐵橋 Ponte Luis I, Porto

葡萄牙洛卡岬 Cabo da Roca

葡萄牙里斯本 Lisbon 電車

葡萄牙波多聖靈教堂
Capela das Almas, Porto

葡萄牙基馬拉斯 Guimaraes

葡萄牙艾佛拉羅馬神廟
Templo romano de Evora

葡萄牙佩納宮
Palacio Nacional da Pena

葡萄牙基馬拉斯 Guimaraes

這道菜除好吃外，最大特色這是一道廚師珍惜食材所創作的料理，最早是為了不浪費任何一點食材；將鱈魚乾中靠骨頭不容易運用的魚肉部分刮下來後，加上隨手可以取得的碎洋蔥、馬鈴薯及蛋一起拌炒而生，用所有剩餘的食材創造出的美味，於是就誕生這道特色料理。

另外最特別的是鱈魚乾，這種鹽漬鱈魚乾雖說是葡萄牙人的國菜，且葡萄牙人很會料理鱈魚及鱈魚乾，據說有上千種的鱈魚料理。但鱈魚乾其實是北歐挪威、冰島等地的維京人傳統保存鱈魚的方式，應該有千年以上歷史，後來傳到大西洋及地中海一帶，特別是開啓大航海時代的首任霸主葡萄牙，在出海航行時因沒法帶著新鮮的漁獲在船上，就帶著鱈魚乾航行，在途中也可享用美味的鱈魚料理。在不適合出海捕魚的季節，愛吃魚的葡萄牙人也因為鱈魚乾，可以料理有海味的美食，從此情有獨鍾；反而比鮮魚更受歡迎，鱈魚乾加馬鈴薯、鷹嘴豆、高麗菜、紅蘿蔔、蛋，以白酒、橄欖油、蒜頭一起燉煮而成的鱈魚乾大雜燴，就成為葡萄牙的傳統聖誕節料理。

鱈魚乾、馬鈴薯等都是外來食材，因被葡萄牙人活用而創造出屬於他們自己的味道與特色，當然在歐洲很多國家都可以吃到鱈魚乾料理，但會被視為葡萄牙的國菜之一，可見葡萄牙人有多愛吃，有機會到葡萄牙的小餐館，可以點來鱈魚乾料理來吃吃看，特別是可以點這道因廚師珍惜食材所變化出的風靡全葡萄牙的特色美食 Bacalhau à Brás。

5.西班牙老區安塔露西亞最愛冷湯

湯品有熱也有冷因應環境有變化
西班牙老區夏季超炎熱冷湯降暑又退火
羅馬飲食傳至今珍惜食材創美食

西班牙冷湯 Gazpacho 應該算是西班牙最有名的湯品之一，這道在西班牙南部老區安塔露西亞風行的特色料理，是夏天最特別的消暑餐點！

先來分享這道料理的作法，這道料理的主要材料是白麵包（將裡面軟的部分放乾或烤乾）、番茄（去皮去籽）、洋蔥、甜椒、蒜頭、黃瓜，將這些食材分別搗碎，幾乎搗成類似泥狀，當然可以用像食物料理機或果汁機之類的現代電器用品來搗碎，感覺太濃可以加點水調整濃度；再加入初榨橄欖油、雪莉酒醋或紅酒醋、鹽巴、香料，攪拌均勻後冰鎮，當地說法冰一晚後更美味，裝在碗或高腳杯中，再淋點橄欖油，也可灑上一點碎番茄（或小番茄切小塊）、蝦夷蔥、烤過的麵包，碗緣或杯緣放上黃瓜片及番茄片裝飾，就是美味消暑的西班牙冷湯。

這道冷湯嚐起來如何，酸酸甜甜、冰冰涼涼，有點像是有鹹味及酸味的蔬果汁，但各種食材意外的融合，有清爽的感覺。在夏天的西班牙安塔露西亞動輒40度以上的高溫中品嚐，特別美味，但這道湯端出來時，大家總分不清是飲料還是湯，也才發現湯不一定只能是熱的，也有涼涼的冷湯，倒是嚴格說起來這道料理並沒有煮過，是攪拌而成的。

西班牙塞維亞希拉達塔
Giralda, Sevilla

西班牙塞維亞主教堂
catedral, Sevilla

西班牙阿罕布拉宮
Alhambra, Granada

西班牙阿罕布拉宮
Alhambra, Granada

西班牙塞維亞 Sevilla

西班牙隆達鬥牛場
Plaza de Toros, Ronda

西班牙隆達新橋
Puente nuevo, Ronda

西班牙冷湯 Gazpacho

西班牙隆達鬥牛場 Plaza de Toros, Ronda

這道湯品也是道惜食料理，也是一道庶民料理，據考據，這道菜最早紀載是出現在大約 2000 多年前羅馬統治伊比利半島的奧古斯都時期；當地平民會利用前一天沒吃完的剩麵包，搗碎後加入一點蔬菜、蒜頭、洋蔥、醋、橄欖油及水混和攪拌，適當調整食材比例食用，就是一道用剩下的食材轉化而成的料理。庶民階層可是沒有機會浪費任何的食材的，剩下的或前一天吃剩的也要珍惜。加上當地夏天非常炎熱，所以並不會加熱來吃，而是涼涼的享用，是道既能充飢、又挺營養、也能消暑的湯品。中世紀後這道湯的作法開始改變，因香料傳入歐洲，加入各式香料調味，15 世紀末哥倫布探索新大陸帶回番茄、辣椒後，番茄也成為冷湯必要的食材之一；當然因為流傳很久，各家都有自家的特別作法，也有不加番茄或不加麵包的版本。

西班牙冷湯是夏天限定的，現在的冷湯味道要好首要條件就是食材中的蔬果要新鮮，還要加上上好的橄欖油及酸酸甜甜的酒醋，這是道到西班牙南部安塔露西亞旅遊有機會一定要品嚐看看的美食！

西班牙拉曼查孔蘇埃格拉 Consuegra, La Mancha 風車村

6.西班牙最受大眾歡迎的美食海鮮飯（Paella）

男人料理展現愛妻心意
一份料理可以餵飽很多人
西班牙各地海鮮飯風味配料都不同
就地取材善用資源料豐富

西班牙海鮮飯「Paella」，是道很受大家歡迎的美食，也是到西班牙必吃的項目之一，原來西班牙人也愛吃飯。海鮮飯可以當點心，也可以當正餐，在西班牙大餐廳、小酒館或酒吧都可以見到不同風味的「Paella」，不只西班牙人愛吃，我們這些外國觀光客也愛！

最傳統的西班牙海鮮飯，一般認為來自西班牙東岸的瓦倫西亞（Valencia），最早的食材是利用最常見的兔肉、鴨肉、雞肉；有時也會加入海邊常見的淡菜、蝦子等海鮮，使用很淺的平底鍋以肉類或海鮮，加入點蔬菜，也會加入很多種香料，特別是很貴的番紅花拌炒作為基底；再以拌炒後的湯汁直接將西班牙短圓米（Bomba Rice）煮熟，風味受到各國觀光接受，因為採用燉煮的方式，所以也會翻譯成西班牙海鮮燉飯；煮出來的飯雖然不像比我們常吃的飯一樣軟 Q，但大體上挺符合台灣朋友的口味。

傳統海鮮飯有兔肉，但現代的西班牙海鮮飯，幾乎已經不會用兔肉了，大家就別煩惱之前是不是不小心吃到；現在的兔肉已算是較昂貴的特殊食材，高湯底的部分也以雞高湯為主；材料部份則以海鮮為主軸，幾乎沒有肉類在裏頭，還有以墨魚汁為底的墨魚海鮮飯，也有高級奢華的龍蝦海鮮飯。另外也發展出海鮮細麵等各種料理，都很美味！

那西班牙海鮮飯的由來是什麼，這就有各種不同的說法，想要相信哪一個都可以！西班牙所在的伊比利半島從西元711年到1492年間，曾經大部分及局部受摩爾人（屬於信仰伊斯蘭教的柏柏爾阿拉伯人）統治，我們的歷史上稱之為「白衣大食」，摩爾人帶來阿拉伯人的飲食文化，香料、米……等，被視為海鮮飯出現的背景環境。而伊比利半島的居民將容易取得的肉類、海鮮、蔬菜等零散的食材，加入香料與米一起燉煮，就成為現代的西班牙海鮮飯，因為伊比利半島的森林資源較缺乏，一般人家只有小樹枝等可以當炊煮食物的材料，火力較弱，所以用越淺的鍋子越好煮熟，且半島有鐵礦資源，淺鑄鐵鍋成為當地主要的炊具，就成為料理海鮮飯「Paella」的器具。

那為何叫「Paella」？傳統上西班牙海鮮飯是用大淺鑄鐵鍋烹煮，可以餵飽很多人，是屬於男士們的料理，猜想應該是從炊具到食材都很大器，也很重！習俗的起源總是很難考據！後來演變為男士們獻給女士們的食物，西班牙文中「Para ella」，中文翻譯成「為她」，意思就是為心愛的女士所做的料理。另一說法是烹煮海鮮飯所用的大鑄鐵鍋，像是個大圓盤，西班牙文的圓盤是「Patella」，還有另一種說法，對當地阿拉伯裔貴族（摩爾人）而言，這些零碎的食材，可能是大型宴會留下的邊角料，就以阿拉伯文的剩菜「Baqiyah」稱呼這道料理，久而久之就稱為「Paella」，也許這些都是造就今天「Paella」原因！

西班牙各地的海鮮飯其實風味都也些不同，主因是食材種類不同，廚師料理手法也略有差異，各地都說自己是正宗的。但主要食材都是西班牙當地產的短圓米（Bomba Rice），這米是由印度原生種透過阿拉伯民族傳來在當地種植，這種米後來被稱為「西班牙米」，經由大圓鑄鐵鍋料理過程中鍋邊出現類似鍋巴的「socarrat」，是很多人的最愛，想想跟東方的飲食文化很相似。

西班牙巴塞隆納 Barcelona 墨魚海鮮飯

西班牙瓦倫西亞 Valencia 海鮮飯

西班牙馬德里大皇宮東方花園
Plaza de Oriente, Madrid

西班牙馬德里太陽門廣場
Puerta del Sol, Madrid

西班牙巴塞隆納蘭布拉大道
La Rambla, Barcelona

西班牙巴塞隆納聖家堂
Sagrada Familia, Barcelona

但在台灣吃到的西班牙海鮮飯味道總是不太一樣，到底是為什麼？當然在西班牙各地所吃的西班牙海鮮飯也不一樣；但台灣的異國料理總會有些台式風味，很多餐廳提供的海鮮飯並不是用大淺鑄鐵鍋或西班牙米烹煮，雖然越來越多的餐廳採用與西班牙當地一致的食材、炊具，可是煮得時間會比較久一點，加上多數台灣朋友比較喜歡軟 Q 的米料理，因此就會有點不一樣；其實還有另一個原因，因為畢竟不是在西班牙吃，環境氛圍就不同！

歐洲不只西班牙人愛吃飯，鄰近的葡萄牙人可是全歐吃「米」最多的國家，另外義大利燉飯「Risotto」也是風靡全球的料理！在歐洲是可以吃到米飯的，雖然跟白米飯口味不一樣，但料理方式也很多元，絕對值得試試看！

西班牙巴塞隆納 Barcelona 傳統舞蹈

西班牙巴塞隆納巴特略之家
Casa batllo, Barcelona

西班牙托雷多 Toledo

西班牙薩曼卡 Salamanca 主廣場

7.北歐早餐常見魚（肝）油、魚子醬及燻鮭魚

北歐寶藏魚油魚子燻鮭魚早餐吃健康又養生
魚子醬包裝像牙膏風味獨特當地人愛
水煮蛋配魚子醬炒蛋配燻鮭魚當早餐很特別
牙膏魚子醬風味特殊可別一次太大口

在北歐的飯店享用北歐式自助早餐時，常常會發現有像是裝油或裝飲料的一瓶瓶容器放在餐台上，旁邊也會放上小小的杯子，倒出來像油一樣，這又不是放在沙拉區要淋在生菜或麵包上的的橄欖油，到底是什麼呢？如果仔細看包裝，會發現有一部分會有魚的符號，其實這就是北歐人日常必備的「魚油」或「魚肝油」，魚油搭配餐食飲用效果最好，醫學報告證實對心血管很有幫助，所以就會在早餐餐台放上每天一定要喝的「魚油」！

北歐人會買整瓶整瓶的魚（肝）油，全家人每天倒一點來飲用，這已經是北歐人日常飲食的習慣。所以在超市賣的都是大瓶裝的「魚油」，膠囊裝的魚油通常在藥局或專賣店才買得到，雖然超市與藥局販賣的商品中，內含 Omega、DHA…等的劑量、濃度、比例不同；但當成日常必備飲品後，不管濃度高低，只要多喝點效果也相當！至於直接喝好不好喝，那真的是很特別的滋味，就像把魚油膠囊咬破食用一樣，多數人都覺得味道很重，所以也有出兒童版或調味版的，加點柑橘之類的味道比較好喝一點！但直接喝的味道也挺特別的，而且當大家一聽是魚（肝）油，不管好不好喝，總會試一下。

當然北歐還有更容易吸收富含 Omega、DHA、EPA、DPA…等的「海豹油」，因為屬哺乳類動物製品，所以人體更好吸收，但因價格比較高，會以膠囊方式食用，就不會在飯店的自助餐台上看到！當地人捕獵海豹來食用或使用已有千年以上歷史，海豹在北歐數量也非常多，畢竟屬於哺乳類製品，在台灣也有進口海洋哺乳類的特別規範，所以不容易見到！

另外餐台上還會有像牙膏一樣一條條的容器，到底裝的是什麼，這可是北歐人早餐必備的「魚子醬」。把魚子醬當早餐，就算是在物價很高的北歐，感覺也很奢侈，其實因為北歐魚類資源豐富，這類魚子醬以小型魚的魚子製作而成，營養豐富，所以成為早餐餐桌必備的即食食品。

那怎麼吃，歐洲人一般會把「魚子醬」放在麵包切片或是放在餅乾上吃，但北歐人早餐時多數會把「魚子醬」放在水煮蛋上一起吃，這樣水煮蛋既有味道，也有鹽分，就不用擔心直接吃水煮蛋口味太淡或有脹氣的問題；跟我們從小被教育水煮蛋加鹽吃一樣可以解決脹氣的問題，當然也會跟其他歐洲人一樣放在麵包或餅乾上一起吃，可是百搭的食材，但其實有點鹽，也有挺有魚味，下次到北歐可別因為是「魚子醬」就吃太大口，適量比較美味！

當然在北歐，高價食材「燻鮭魚」也是早午晚餐的常客，早餐時，北歐人會以燻鮭魚搭配炒蛋食用，也可以當午餐或晚餐的主餐。他們的燻鮭魚其實挺「生」的，但也不算生的，吃幾片很美味，吃多了就很單調，也會有些膩，所以光燻鮭魚當地也變化出許多不同口味，可能因為我不是美食家，我吃起來都挺像的，但到了北歐，一定得品嚐一下，適量享用，口味真的挺不錯的！

左上 北歐燻鮭魚
左中 北歐魚子醬
左下 早餐餐廳魚油系列

挪威精靈之路觀景台

挪威卑爾根 Bergen

挪威卑爾根 Bergen

8.瑞士愛吃鍋，有起士、勃根地炸肉及巧克力鍋

都叫火鍋東西大不同

瑞士 3 種火鍋吃法不一樣

冬天寒冷親朋好友圍爐吃鍋最溫馨與我們相同

來吃火鍋囉！台灣可說是最愛吃火鍋的地區，幾乎大街小巷幾乎都看得到各式火鍋店，提供各種鍋物料理，麻辣火鍋、迷你個人鍋、酸菜白肉鍋、花雕雞鍋、牛肉鍋、日式火鍋......等等，聚餐想不到吃什麼，就來個火鍋，特別是家人或朋友聚會，享用火鍋大餐可是既方便又美味！

瑞士馬特洪峰 Matterhorn

瑞士盧加諾湖 Lugano

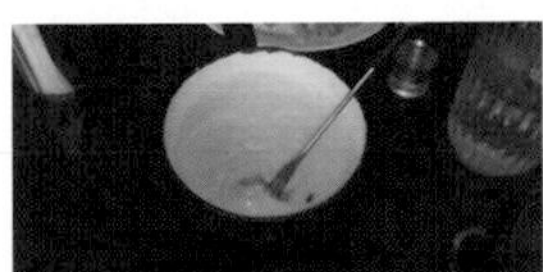

左上 起士鍋
左中 炸肉鍋
左下 巧克力鍋

到了瑞士，瑞士火鍋 Fondue 也是不可錯過的知名美食，在瑞士不只可以吃到起士火鍋，還有可以品嚐聞名的巧克力火鍋，也有在台灣比較少見到的勃根地炸肉火鍋，共有 3 種火鍋，當然種類遠遠比不上台灣，不論自己去玩或旅遊團，總得安排瑞士火鍋餐來嚐鮮。

瑞士起士火鍋 Fondue au fromage 是以白葡萄酒為基底，傳統上會加入格呂耶爾（gruyère）、佛立堡（vacherin fribourgeois）等各種起士拌煮，再加點當地如櫻桃酒之類的水果蒸餾酒，也會加入其他種類的起士來變化口味；鍋底完成後，以各地自產的法國麵包切塊後沾起鍋底來吃，再以麵包為主食的地區，這可是最美味的主食，家人、朋友圍成一圈享用、聊天，搭配當地的白葡萄酒，可是山區居民忙碌工作後的小確幸，也可以補充滿滿的養分及熱量。

瑞士巧克力鍋 chocolat Fondue 大家也不陌生，瑞士巧克力很有名，瑞士人會直接在鍋內熬煮黑巧克力，有時會加入一點鮮奶油、白蘭地酒等調味；當然也有用柑橘酒之類的，熬煮到融化後就成為鍋底，然後拿水果、餅乾或麵包沾著鍋底來吃，就是美味的點心。

另一個瑞士著名的火鍋是勃根地炸肉火鍋 Fleisch fondue，勃根地位於法國，瑞士的西部緊鄰法國，勃根地地區盛產葡萄酒，畜牧業也非常發達，直接以油鍋炸肉是最能呈現牛肉品質的烹調方式之一，因為距離相近，且曾同屬勃根地公國，在勃根地誕生，在瑞士發揚光大。傳統作法直接以鍋子將油加熱，油滾後直接以叉子叉肉下鍋油炸，因為怕口味單一，故發展出勃根地醬、黃芥末醬、優格沙拉醬、酸奶油醬、辣味醬、胡椒、鹽等各式各樣的沾醬，當然要搭配紅葡萄酒最對味。

瑞士人也喜歡圍起來共用一個鍋子煮食分享的感覺，跟我們挺像的耶，大家圍在一起圍爐。特別是嚴寒的冬天，有朋友來聚會的時候，將家家戶戶都有酒、起士、肉類、巧克力等重要食材料理成瑞士火鍋，真的很溫馨。

知道了瑞士有三種火鍋，那吃起來口味如何，想必才是大家最好奇的，先說起士火鍋吧，以麵包、起士為主食的他們可以吃的下一整籃的切塊麵包，但就我們來說，大概一下子就吃膩。畢竟一家店只提供一種口味的起士鍋底，口味太單一了。而另一個可當成主餐的炸肉火鍋，火侯拿捏的好，很神似我們的鹹酥雞，很多朋友開玩笑這是瑞士版鹹酥雞；現在已經有牛、豬、雞等各種肉品，還有多種沾醬可以搭配，火太大焦的快，火太小炸不熟，又要一直顧著，是吃起來很忙的料理！那巧克力鍋對甜點的愛好者而言，那真的是越多越好，濃郁的巧克力搭配各種水果等，愛的很愛，沒興趣的就沒興趣，完全看個人喜好！

有趣的是每次大家很期待瑞士火鍋上桌，也玩得很愉快，但總覺得好像少了些什麼，很快就飽了，晚上也很快餓；原因是我們習慣吃很快，瑞士人是慢慢吃，然後邊喝、邊聊天、邊跳舞、邊唱歌，另外就是這湯可不能喝，也沒有各式各樣火鍋料可以加，總少了點什麼的感覺，總之，很值得試試，下次到瑞士，記得也「圍爐」一下，品嚐一下瑞士的白、黑、透明偏黃的道地三色火鍋！

瑞士茵特拉肯 Interlaken 乳牛返鄉

瑞士蕾夢湖 Lac Leman

瑞士伯連納列車 Bernina Express

瑞士瓦萊州 Valais 黑面羊

克羅埃西亞十六湖 Plitvice

克羅埃西亞哈瓦爾島 Hvar

克羅埃西亞杜布羅尼克西班牙階梯
Spanish steps, Dubrovnik

德國布洛肯峰
Brocken 蒸汽火車

德國韋爾尼格羅德
Wernigerode 樵夫牛排

羅馬尼亞布拉索夫 Brasov

法國亞爾 Arles 梵谷咖啡館

法國普羅旺斯 Provence 罌粟花

法國巴黎羅浮宮 musee du louvre, Paris

法國普羅旺斯 Provence 薰衣草

9.樵夫牛排不一定是牛肉，Steak 不單指牛排

稱為 Steak 並不一定是牛肉
森林區牛排不一樣
不論甚麼肉廚師巧手料理都美味
樵夫愛吃成為地區美食德國

說起 Steak，大家第一個反應 Steak 就是牛排，也是全球各地都有的美食，但不只是料理方式，實際上連食材也不一樣，德國班堡（班貝格 Bamberg）、韋爾尼格羅德（Wernigerode）等地區因附近有林場，是筏木工人的聚集地，這些地區就有道著名的料理 Holzfällersteak（英文是 Lumberjack Steak），直接翻譯成中文就稱為「樵夫牛排」。這道料理是以薄切 1.5 公分左右的肉類為主食材，簡單醃製後煎至七分熟，佐以森林地區常有的蘑菇及洋蔥拌炒而成的配料或醬汁，美味可口，也很符合我們的口味，但這「牛排」可不一定是牛肉！

森林地區牛肉較不容易取得，辛苦的伐木工人想要品嚐美味多汁的牛排時，餐廳就用在地的食材來料理，德國最常見的豬肉、山區常有的鹿肉等，都是「樵夫牛排」的主要食材。當然偶爾也會有牛肉，將肉品先用胡椒、鹽、洋蔥、蒜、漿果類及香料（迷迭香、墨角蘭 marjoram…）等，簡單醃製去掉豬肉、鹿肉或野味的特殊味道，煎熟後，搭配當地特產的蘑菇或洋蔥所特調的醬汁或炒料，就是有豐富滋味的「樵夫牛排」！小易吃了幾次，總覺得醃料或醬汁裡一定有啤酒，畢竟這可是德國！

說穿了，是大家誤解「Steak」這個字了，並不是單指牛肉所切成牛排，當然餐廳菜單如果只有單寫「Steak」，通常都是指牛排Beef Steak；仔細看，菜單內也會出現豬排Pork Steak、魚排Fish Steak等。「Lumberjack Steak」也只是翻譯成「樵夫牛排」。

餐廳並不愛客人問今天的「Lumberjack Steak」是什麼肉，這可是廚師跟餐廳的秘密。記得有次帶團到德國，餐食有安排品嚐「樵夫牛排」，雖然已經說明通常不是牛肉，不吃牛的別擔心，如果是牛肉就會替換其他料理；但上菜後，不吃牛肉的團友一吃，非常不放心地說，這是一定是牛肉；只好請餐廳出來解釋，餐廳主管不情願地回答，這不是牛肉；團友不相信，持續追問這是什麼肉，只好拜託餐廳說明，餐廳說這是料理的秘密，通常不會說，最後經不住小易的拜託，才說是豬肉！

「樵夫牛排」的來源雖然不可考，但確實是森林區周邊所傳出的烹調方式，雖不是的德國獨有的，卻是當地的特殊的料理！另外現在的鹿肉太貴了，比較不容易出現在一般餐廳菜單中；現在這些地區打獵的獵戶也不多，餐廳也較少機會能進各式野味，所以通常會以豬肉料理為主！下次有看到這道餐點，就開心的享用，就想像自己是伐木工人，在不容易取得牛排的山區享用美味的「樵夫牛排」！知道是不是自己的飲食禁忌就好，就別繼續追問是什麼肉，好好的享用美食，品嚐在地風味！（完）